AF465477

RÉPUBLIQUE FRANÇAISE

MINISTÈRE DES AFFAIRES ÉTRANGÈRES

CONFÉRENCE INTERNATIONALE

D'ASSISTANCE AUX ÉTRANGERS

PARIS

IMPRIMERIE NATIONALE

MDCCCCXIII

CONFÉRENCE INTERNATIONALE

D'ASSISTANCE AUX ÉTRANGERS

RÉPUBLIQUE FRANÇAISE

MINISTÈRE DES AFFAIRES ÉTRANGÈRES

CONFÉRENCE INTERNATIONALE

D'ASSISTANCE AUX ÉTRANGERS

PARIS

IMPRIMERIE NATIONALE

MDCCCCXIII

TABLE DES MATIÈRES.

PREMIÈRE PARTIE.

PROCÈS-VERBAUX DES SÉANCES ET DOCUMENTS ANNEXES.

DEUXIEME PARTIE.

DOCUMENTS DISTRIBUÉS AU COURS DE LA CONFÉRENCE.

TROISIÈME PARTIE.

RÉPONSES AU QUESTIONNAIRE DU GOUVERNEMENT FRANÇAIS. (Suite.)

PREMIÈRE PARTIE

PROCÈS-VERBAUX DES SÉANCES

ET

DOCUMENTS ANNEXES

CONFÉRENCE INTERNATIONALE
D'ASSISTANCE PUBLIQUE AUX ÉTRANGERS.

PREMIÈRE SÉANCE.

SAMEDI 16 NOVEMBRE 1912.

PRÉSIDENCE DE M. STEEG,

MINISTRE DE L'INTÉRIEUR DE LA RÉPUBLIQUE FRANÇAISE.

La Conférence internationale d'assistance publique aux étrangers s'est réunie pour la première fois le samedi 16 novembre 1912, à deux heures et demie de l'après-midi, en l'Hôtel du Ministère des Affaires étrangères, sous la présidence de M. STEEG, Ministre de l'Intérieur de la République française.

Étaient présents les Délégués des divers gouvernements dont les noms suivent :

Pour l'Allemagne :

M. VON JECKLIN, Consul général d'Allemagne à Paris.

M. le docteur JUNG, Conseiller intime de gouvernement et Conseiller rapporteur à l'Office impérial de l'Intérieur.

Pour les États-Unis d'Amérique :

M. Robert Woods BLISS, Chargé d'affaires des États-Unis à Paris.

Pour la République Argentine :

M. le Docteur Alberto CASTAÑO, Membre du Conseil municipal de Buenos-Aires et médecin de l'Assistance publique.

Pour l'Autriche :

M. le Baron JEAN DE EICHHOFF, Conseiller ministériel au Ministère impérial royal autrichien de l'Intérieur.

Pour la Hongrie :

M. Alexandre de KÖSZEGHY, Chambellan impérial royal, Conseiller ministériel au Ministère royal hongrois de l'Intérieur.

M. le Docteur Alexandre SZANA, Conseiller royal, Directeur de la Salle d'asile d'État pour la première enfance à Budapesth.

Pour la Belgique :

M. le Baron Guillaume, Ministre de Belgique à Paris.

M. van Overbergh, Secrétaire général honoraire du Ministère des sciences et des arts.

M. L. Chomé La Roque, Directeur général au Ministère de la Justice.

Pour le Danemark :

M. le Comte F. Reventlow, Ministre de Danemark à Paris.

M. V. R. Haarlöv, Sous-Chef de bureau au Ministère royal de l'Intérieur.

Pour l'Espagne :

M. de Reynoso, Ministre Conseiller de l'Ambassade d'Espagne à Paris.

Pour la France :

M. Hébrard de Villeneuve, Président de section au Conseil d'État.

M. Mirman, Directeur de l'Assistance et de l'Hygiène publiques au Ministère de l'Intérieur.

M. Rondel, Inspecteur général des Services administratifs du Ministère de l'Intérieur, Secrétaire du Comité international des Congrès d'assistance publique et privée.

M. Mesureur, Directeur de l'Administration générale de l'Assistance publique à Paris.

M. de Celles, Directeur général adjoint de la Comptabilité publique au Ministère des Finances.

M. de Montigny-Turpin, Chef de bureau chargé par intérim des fonctions de Sous-Directeur au Ministère des Affaires étrangères.

M. de Navailles-Labatut, Chef de bureau au Ministère des Affaires étrangères.

M. Alphand, Vice-Consul de France, Chef du Secrétariat particulier du Ministre de la Marine.

Pour la Grande-Bretagne :

M. Percy Loraine, Secrétaire de l'Ambassade de Sa Majesté Britannique.

M. John Pedder, « Principal clerk in the Home Office ».

M. D. R. Sharpe, de la Société des organisations de bienfaisance.

Pour la Grèce :

M. Romanos, Ministre de Grèce à Paris.

M. Politis, Professeur à l'Université de Paris.

M. Vlasto, Président de l'Association hellénique de bienfaisance.

Pour l'Italie :

M. Camille PEANO, Conseiller d'État, Chef de cabinet du Président du Conseil.

M. Vittorio BRONDI, Professeur à l'Université de Turin.

M. PHILIPSON, Conseiller du Comité permanent des congrès d'œuvres charitables d'Italie.

Pour le Japon :

M. Seiji TSUKAMOTO, Conseiller au Ministère de l'Intérieur

Pour le Luxembourg :

M. BASTIN, Consul du Luxembourg à Paris.

M. SAX, Conseiller grand ducal.

Pour la Norvège :

M. BACHKE, Conseiller de la Légation de Norvège.

M. HANSSEN, Vicaire de paroisse à Christiana.

Pour les Pays-Bas :

M. BLANKENBERG, Secrétaire de la Société néerlandaise pour l'étude des questions d'assistance publique et de charité privée, à Amsterdam.

Pour la Roumanie :

M. ARGETOYANO, Secrétaire de la Légation de Roumanie.

Pour la Russie :

M. DE WITTE, Directeur de la Section d'hygiène et d'assistance publique à l'Administration des Affaires régionales.

M. DE HANSEN, Fonctionnaire pour mission spéciale, Représentant des institutions de bienfaisance de l'Impératrice Marie.

Pour la Suède :

M. le Baron BECK-FRIIS, Conseiller de la Légation de Suède.

M. LINDBLOM, Inspecteur de l'Assistance publique à Stockholm.

Pour la Suisse :

M. LARDY, Ministre de Suisse à Paris.

M. LEUPOLD, Adjoint au Chef de la Division de police au Département de Justice et Police.

Monsieur STEEG, Ministre de l'Intérieur, ouvre la Conférence par le discours suivant :

MESSIEURS,

Je suis heureux de souhaiter, au nom du Gouvernement de la République, la plus cordiale bienvenue aux Délégués officiels des différentes Nations représentées dans cette Conférence internationale d'assistance aux étrangers. Vous connaissez, Messieurs, les circonstances dans lesquelles est née l'idée de cette Conférence. Depuis 15 ans la question de l'assistance aux étrangers a été mise à l'ordre du jour de la plupart des congrès internationaux d'assistance. Elle fut amplement discutée en 1906 à Milan, en 1910 à Copenhague où fût émis le vœu que la question fût désormais réservée à l'étude des Gouvernements eux-mêmes et portée par eux devant une Conférence internationale. Le Gouvernement du Danemark voulut bien agréer la demande qu'au nom de l'unanimité des Congressistes, lui présentait M. Émile Loubet et accepter de prendre l'initiative d'organiser cette Conférence. Quelques temps après, le Gouvernement du Danemark, tout en maintenant sa complète adhésion à l'idée de la Conférence, estima qu'il serait peut-être plus pratique de réunir celle-ci à Paris et présenta au Gouvernement de la République une suggestion en ce sens. La France ne pouvait manquer de faire bon accueil à cette amicale proposition et, après s'être assurée auprès des Gouvernements que vous représentez ici de leur adhésion préalable, elle décida la réunion que j'ai l'honneur de présider aujourd'hui.

Le problème posé devant vous, Messieurs, est aussi élevé que complexe. Dans les divers Congrès, notamment de Milan et de Copenhague, beaucoup de thèses ont été brillamment soutenues, et ces débats ont permis de mettre en lumière les aspects multiples de cette grave question. Mais une Conférence a une tâche plus délicate parce qu'elle a ce qui manque en partie à un Congrès : la responsabilité, et qu'ainsi les solutions proposées y doivent être examinées avec un souci très attentif tant des nécessités pratiques que des principes généraux du droit international.

Je me garderai de pénétrer dans le cœur même de la question qui vous est soumise. Tout au plus me sera-t-il permis de chercher à en préciser les données. Il s'agit de définir les moyens les plus propres à assurer, dans la plus large mesure, aux étrangers vivant loin de leur patrie le bénéfice de l'assistance que les lois des pays où ils résident accordent à leurs propres nationaux.

Il suffit de prononcer ce mot d'assistance pour que dès l'abord apparaisse la nécessité d'écarter du débat tout un ensemble de questions extérieures au domaine propre de l'assistance et comprises dans celui de la législation du travail. Dans tout pays l'ouvrier est considéré par la loi à un double point de vue. Comme travailleur, il est exposé à des risques spéciaux et jouit de garanties particulières. Ces garanties sont déterminées, en ce qui concerne notamment l'hygiène des ateliers, la réglementation des heures de travail, le repos hebdomadaire, les retraites, les accidents du travail, et dans certains pays les maladies professionnelles, par une série de dispositions qui constituent la législation du travail. On peut dire que, de façon très générale, cette législation dans chaque pays s'applique identiquement aux travailleurs étrangers comme aux nationaux. Seules quelques modalités d'exécution peuvent faire l'objet d'accords spéciaux d'État à État, accords déjà intervenus ou à intervenir.

Mais il vous apparaîtra sans doute nettement que ce domaine de la législation du travail ne nous est point ouvert aujourd'hui. Notre examen doit porter sur l'assistance proprement dite, sur l'assistance qui secourt l'homme non en tant qu'ouvrier mais en tant qu'homme, selon ses besoins et non en conséquence d'un contrat de travail.

Messieurs, à quiconque réfléchit sur l'évolution historique de l'assistance, il ne peut échapper que celle-ci, en France comme partout ailleurs, a traversé successivement trois grandes périodes : elle fut réduite d'abord à ces secours élémentaires qui constituent l'assistance de simple humanité. Puis les sentiments de pitié, de charité se sont développés avec la civilisation elle-même et l'assistance s'est étendue. Devenue moins élémentaire, elle a cependant continué à n'avoir pour organes que des personnes ou des œuvres privées. Enfin dans la période moderne, à côté des œuvres privées dont le rôle est resté et restera considérable, s'est constitué tout un ensemble, chaque jour plus vaste, de services publics.

Il ne s'agit pas ici d'élaborer des textes en vertu desquels les ressortissants de chaque nation contractante devront recevoir dans les divers pays où ils pourront éventuellement résider l'assistance de simple humanité. Je me plais à reconnaître que tout Français reçoit à l'étranger les secours d'extrême urgence que requiert son état et je crois que je ne serai contredit par personne si j'affirme que tout étranger reçoit à l'occasion ces mêmes secours sur le sol de France. Il n'est pas de Nation, représentée à cette Conférence, sur le territoire de laquelle un étranger ne voie se tendre vers lui une main secourable.

Mais chacun a pensé qu'il y avait plus à faire et qu'on devait assurer aux étrangers, dans la plus large mesure, la participation à l'assistance sociale privée et publique, existant dans le pays de leur résidence.

En ce qui concerne l'assistance privée, le problème, dont la solution est de si haute importance pratique, est sinon simple au moins très nettement délimité : il faut chercher par quels moyens juridiques pourraient être facilités dans chaque pays la création et le fonctionnement, par des étrangers, d'associations privées de bienfaisance ayant pour objet exclusif de venir en aide à leurs propres nationaux.

A l'égard de l'assistance sociale publique le problème est beaucoup plus complexe. Des considérations d'humanité ne suffisent plus ici à résoudre la question : cette assistance, moins élémentaire, plus élevée, plus généreuse, qui n'attend pas pour se manifester que l'extrême besoin se soit révélé, qui secourt l'homme dans les diverses circonstances de sa vie, cette assistance sociale supérieure qui impose à la nation d'importants sacrifices financiers, est la conséquence non du seul sentiment d'humanité, mais de ce sentiment de solidarité générale qui unit la nation à chacun de ses membres.

Ainsi définie l'assistance sociale ne paraît due par chaque pays qu'à ses nationaux. Un Français à l'étranger, un étranger en France ne peuvent y prétendre par une sorte de droit naturel. En dehors des cas exceptionnels où les considérations d'humanité sont seules en jeu, un étranger ne participera donc aux services publics d'assistance du pays où il réside que dans la mesure résultant des conventions réciproques entre ledit pays et son pays d'origine, le premier agissant en vertu d'une délégation, dont ces conventions déterminent les modalités.

Nous souhaitons très vivement que des conditions soient fixées qui, sans porter atteinte aux devoirs et obligations réciproques de l'individu et de sa patrie, permettent à l'étranger de bénéficier intégralement de l'assistance sociale instituée dans le pays où il réside. Préciser ces conditions, déterminer nettement ces modalités c'est la tâche qui vous incombe. Il n'en est pas qui soit à la fois plus délicate et plus noble.

Messieurs, je ne veux pas préjuger des solutions que vous préconiserez. Mais quelles qu'elles puissent être, la réunion de cette Conférence constitue un événement important, elle marque une date dans les progrès de la civilisation. C'est avec fierté que je viens présider l'ouverture de ses travaux. Les nations veulent s'entendre non pour fixer les droits et les devoirs de bellligérants, pour traiter des conditions de paix, mais pour embellir la paix elle-même en assurant à tous les hommes le bénéfice de l'assistance sociale. Vous êtes assemblés pour ajouter un chapitre au droit international, pour accomplir avec la profonde réflexion et la rigoureuse méthode qu'exige la science, l'œuvre la plus généreuse. Vous vous proposez, non de rompre le lien qui unit l'homme à sa patrie, même lointaine, mais d'établir entre toutes les nations un régime dont l'indiscutable équité puisse entraîner l'assentiment universel.

Le Gouvernement français, dont je tiens à vous exprimer hautement ici la profonde sympathie, remercie vos Gouvernements respectifs de leur amicale adhésion à cette Conférence et fait les vœux les plus sincères pour le succès de vos efforts.

M. Lardy, Ministre de Suisse à Paris, prend ensuite la parole :

Monsieur le Ministre,

Les règles du Protocole et aussi, je le crains, les registres de l'état-civil, me confèrent, en qualité de doyen des Délégués étrangers, le privilège de vous remercier des paroles de bienvenue que vous venez de nous adresser. Je puis vous assurer que nous sommes tous profondément sensibles à l'accueil si courtois et si cordial que nous fait le Gouvernement de la République et à l'hospitalité toujours si exquise de la capitale française.

Nous ne nous dissimulons pas les grandes difficultés qui attendent la Conférence. Les questions à étudier sont à la fois, comme Votre Excellence vient de le dire, très nombreuses et très complexes. Les différences entre les législations et les pratiques administratives des divers États sont profondes ; pourrons-nous arriver à les concilier ? En outre, les situations de fait sont très variables, en ce sens que tel pays exporte de nombreux nationaux tandis que tel autre reçoit sur son sol de nombreux étrangers, et que les pays exportateurs de leurs ressortissants ne sont pas toujours les mêmes que les pays d'importation, ce qui rend difficile l'établissement de compensations simples. Sur les questions d'humanité, tout le monde est d'accord en principe, mais un grand homme d'État a dit que, lorsqu'on est d'accord en principe, c'est précisément qu'on n'est pas d'accord, et il est incontestable qu'en matière d'assistance aux étrangers, derrière les principes se dissimulent souvent de prosaïques questions financières.

Sera-t-il possible de trouver un terrain d'entente sur la base de l'assimilation générale des étrangers aux nationaux sans remboursement, ou sur l'autre base du remboursement général par le pays d'origine de l'indigent? Des transactions pourront-elles intervenir entre ces deux systèmes contraires? L'opposition de vues entre ces deux systèmes se produit non seulement d'un État à l'autre, mais à l'intérieur de chaque pays, en ce sens que les diplomates, appelés chaque jour à s'occuper de leurs compatriotes indigents sur la terre étrangère, sont enclins à solliciter de leurs Gouvernements la plus large réciprocité et même à réclamer d'eux des subsides pour leurs ressortissants résidant à l'étranger, tandis que l'Administration intérieure, qui paye, hésite à s'imposer ou à imposer aux autorités locales des charges pour des étrangers vivant dans le pays ou pour des nationaux résidant au dehors et qui ne sont électeurs ni les uns ni les autres. Ce serait un peu la lutte de l'éléphant et de la baleine si un sentiment plus élevé, auquel Votre Excellence vient de faire si éloquemment appel, ne nous animait pas tous, celui de la solidarité humaine, le sentiment de ce devoir suprême qui incombe à chaque Gouvernement et à chaque homme de cœur de venir en aide à la molécule sociale trop faible pour faire face aux nécessités de l'existence, le sentiment qu'il faut chercher à faire taire les préférences pour tel ou tel système devant la nécessité d'assurer une assistance suffisante à une catégorie d'indigents plus à plaindre que la plupart des autres, à l'indigent qui voit s'ajouter à sa misère les angoisses de l'isolement et de l'abandon sur la terre étrangère.

Il y a peu d'années, la plupart des Gouvernements ont tenu à honneur de se substituer à l'initiative privée pour prendre en mains la protection de la jeune fille et de la femme étrangère victimes de la traite des blanches. Une autre Convention a été préparée pour internationaliser la protection de la famille et spécialement de la jeunesse contre la pornographie. L'Europe a même conclu des accords pour la protection internationale des oiseaux utiles à l'agriculture. Il serait vraiment regrettable qu'elle ne parvint pas à solutionner les problèmes infiniment plus nobles et plus grands qui se posent devant la Conférence actuelle. J'ose donc assurer Votre Excellence que nous sommes résolus à apporter, dans l'examen des moyens d'atteindre le but pour lequel le Gouvernement de la République nous a conviés à Paris, tous nos efforts et tout notre esprit de conciliation.

Nous eussions désiré pouvoir espérer la participation personnelle de Votre Excellence à nos travaux de chaque jour. Mais nous comprenons qu'avec les responsabilités qui vous incombent comme Ministre de l'Intérieur d'un grand pays et avec vos charges parlementaires, nous devons renoncer à cet espoir, et, en vous priant d'être auprès du Gouvernement français l'interprète de notre gratitude pour l'initiative qu'il a prise de nous réunir, je me permets d'exprimer le vœu que la présidence effective de nos séances soit confiée au premier délégué du pays qui nous donne l'hospitalité. M. Hébrard de Villeneuve, Président de section au Conseil d'État français, et, depuis de longues années, Président de la Commission centrale de l'assistance au Ministère de l'Intérieur, est particulièrement qualifié pour assumer la direction de nos travaux et je vous prie, mes chers collègues, de vous lever tous pour le désigner par acclamation.

La proposition de M. Lardy est adoptée à l'unanimité.

M. Hébrard de Villeneuve prononce les paroles suivantes :

Messieurs,

Je suis profondément touché du suffrage unanime par lequel vous voulez bien m'appeler à présider vos séances et à diriger vos travaux.

Pour ne pas me sentir trop indigne de cet honneur, je dois songer qu'il s'adresse non à moi mais au président de la délégation française et c'est au nom de tous mes collègues que je suis heureux de vous remercier de la confiance et de la sympathie que les délégués des différentes Puissances veulent bien, en cette occasion, témoigner à la France.

Mais, Messieurs, je ne puis oublier que si pour tenir compte des convenances de la plupart d'entre vous la Conférence pour l'assistance aux étrangers se tient à Paris, c'est au Gouvernement du Danemark que la première initiative en est due; vous me permettrez donc d'évoquer ici le souvenir de l'auguste souverain qui avait tenu à ouvrir lui-même la session du congrès de 1910 et dont la perte prématurée a été un deuil pour toute l'Europe.

Je voudrais, Messieurs, associer à ce tribut de reconnaissance le nom de l'éminent homme d'État qui a présidé le congrès de Copenhague. Ceux d'entre vous qui y assistaient se rappellent le rôle considérable joué par M. Émile Loubet et nul n'a perdu le souvenir de sa chaude éloquence, de sa haute équité, de sa fine et persuasive autorité.

Puisque les circonstances ne lui ont pas permis de présider aujourd'hui cette conférence, nous voulons tout au moins nous mettre sous ses auspices et nous nous inspirerons de ses traditions et de ses exemples.

Messieurs, vous arrivez tous ici persuadés de l'importance des questions à résoudre; chacun de nous est prêt à suivre les instructions et à défendre les intérêts de son Gouvernement.

Mais, vous n'êtes pas seulement investis d'une délégation de vos Gouvernements respectifs.

Ne vous sentez-vous pas aussi les mandataires de ces milliers de pauvres gens qui souffrent loin du sol natal et pour qui l'amertume de l'exil rend plus lourd le poids de la misère?

Ne pensez-vous point que tout en préconisant les solutions compatibles avec les lois et les ressources de chaque État, vous devez avant tout chercher les moyens les plus pratiques et les plus efficaces de soulager ces malheureux?

Sur ce terrain, l'accord sera facile entre nous... il est fait d'avance!

Messieurs, les hommes et les peuples n'ont que trop de motifs et de prétextes à divisions : saisissons avec empressement toutes les occasions de proclamer qu'au-dessus des divergences de vues et d'intérêts entre les nations il y a des principes supérieurs de justice et d'humanité.

Nous avons une occasion, non pas seulement de proclamer, mais de pratiquer ces principes, d'en faire une entité vivante dans le domaine de l'assistance aux étrangers. C'est à cette noble tâche que je vous convie. Nous allons immédiatement nous mettre à l'œuvre et nous ne nous séparerons, n'est-ce pas? que quand nous serons arrivés à l'entente qui est le but et qui sera, je l'espère, le couronnement de nos travaux.

Pour aboutir à ce résultat, je vous promets tout mon zèle et tout mon dévouement et, de mon côté, je fais appel avec confiance, non seulement aux lumières de vos esprits, mais à la générosité de vos cœurs.

Sur la proposition de M. le Président Hébrard de Villeneuve, la Conférence décide de constituer deux Commissions : la Commission de l'assistance publique ayant pour Président, M. Lardy, Ministre de Suisse à Paris, et la Commission de la bienfaisance privée ayant pour Président, M. le baron Guillaume, Ministre de Belgique à Paris. Quant à la Commission de rédaction, elle sera ultérieurement constituée.

A une question de M. van Overbergh, demandant que les membres de la Conférence puissent prendre part aux travaux de l'une et de l'autre Commissions, M. le Président Hébrard de Villeneuve répond que la division en Commissions a simplement pour objet de permettre aux membres de la Conférence de témoigner leur intérêt plus particulier pour les questions comprises dans le programme des travaux d'une Commission, mais que chacun a la faculté d'assister aux séances et de prendre part aux délibérations des diverses Commissions dont les réunions seront, à cette fin, fixées à des heures différentes.

Sur la proposition de M. le Président Hébrard de Villeneuve, le Secrétariat de la Conférence est constitué ainsi qu'il suit, réserve étant faite pour les secrétaires étrangers qui pourront être désignés ultérieurement.

Secrétaire général :

M. Campagnole, Chef de bureau au Ministère de l'Intérieur, Secrétaire général du Conseil supérieur de l'Assistance publique.

Secrétaires :

M. Calmettes, Rédacteur à l'Administration générale de l'Assistance publique, à Paris;

M. Guerre, Rédacteur à l'Administration générale de l'Assistance publique, à Paris;

M. Pillaut, Sous-Chef de bureau au Ministère des Affaires étrangères;

M. du Chaffault, Consul de France;

M. Henri Simon, Vice-Consul de France.

Sur la proposition de M. le Président, et après échange d'observations entre M. Lardy, M. le baron Guillaume, MM. Philipson et van Overbergh, la Conférence décide que la Commission de l'Assistance publique se réunira lundi prochain après-midi, à 2 heures et demie, et la Commission de la bienfaisance privée le lendemain mardi, à 10 heures très précises du matin. La date de la réunion de la prochaine assemblée générale, subordonnée aux travaux des Commissions, est fixée en principe au samedi 23, à 2 heures et demie de l'après-midi.

M. Hébrard de Villeneuve fait connaître que M. le Président de la République recevra les membres de la Conférence mardi 19, à 5 heures un quart de l'après-midi.

La séance est levée à 4 heures et demie.

DEUXIÈME SÉANCE.

LUNDI 2 DÉCEMBRE 1912.

PRÉSIDENCE DE M. HÉBRARD DE VILLENEUVE.

La séance est ouverte à deux heures et demie.

Sont présents tous les délégués, sauf :

M. BLISS, délégué des États-Unis d'Amérique ;
M. CASTAÑO, délégué de la République Argentine ;
M. ROMANOS, délégué de la Grèce ;
M. DE WITTE, délégué de la Russie ;
M. le Baron BECK-FRIS, délégué de la Suède.

M. BRONDI, rapporteur, déposant au bureau son rapport, en donne connaissance (voir l'Annexe n° 1 au présent procès-verbal), faisant remarquer les vicissitudes auxquelles fut exposé le projet du statut international des associations et des établissements constitués en vue de l'assistance aux étrangers. Il note le changement de nature et de forme, avec lequel ce projet se présente à la Conférence ; ce n'est pas un engagement qu'on propose tout de suite aux divers Gouvernements représentés à la Conférence, mais c'est, au contraire, un vœu que la Conférence est invitée à émettre de voir étudier par les Gouvernements le projet, basé sur ces principes essentiels : la reconnaissance légale, avec la conséquente personnalité juridique, des associations et des établissements, l'obligation de l'État, où ils ont leur siège, d'accorder cette reconnaissance, par effet de convention internationale.

L'argument est ainsi bien loin de diminuer d'importance ; la question et la solution proposée gardent toute leur portée ; c'est seulement pour atteindre le but avec plus de sûreté qu'il a paru convenable de procéder par étapes. Il s'agit, d'ailleurs, d'une voie, qui répond à la gravité et à la complexité du problème, digne de toute pondération.

M. VAN OVERBERGH rend hommage au talent et à la science juridique de M. le Professeur BRONDI.

Il tient à le féliciter d'avoir exposé si nettement des problèmes particulièrement complexes ; il se range aux conclusions de son remarquable rapport.

Il expose à la Conférence les principaux points examinés à la Commission de bienfaisance privée en signalant successivement ceux sur lesquels l'accord n'a pu se faire entièrement entre les délégués des divers États et ceux qui ont recueilli l'adhésion de tous les membres de la Commission.

Basé sur les travaux du Congrès de Copenhague, un projet de statut international des associations de bienfaisance avait été déposé devant la Commission. Le projet fut discuté de manière approfondie. Au vote, cinq délégations firent une réserve générale; leurs instructions ne leur permettaient pas d'accepter un projet sur les associations, qui amènerait des modifications à leurs législations nationales. Dans l'espoir d'un meilleur résultat à la suite d'un examen ultérieur et de nouvelles instructions plus favorables de la part de ces cinq États, les délégations ralliées au projet, désireuses d'aboutir à l'adoption du Statut international par tous les États représentés à la Conférence, résolurent de surseoir à la proposition de réalisation immédiate; c'est dans ces conditions et avec cet espoir que l'auteur du projet le retira, le représentant aussitôt sous la forme d'un vœu qui consistait à soumettre le projet à l'étude de tous les États représentés, sans aucune exception.

Aussitôt après ce retrait, une proposition plus restreinte fut faite à la Commission; celle d'assimiler les associations relatives aux indigents étrangers aux associations nationales. Deux délégations, celles de l'Allemagne et de la France, firent des réserves formelles. Il parut préférable à la Commission de ne pas passer outre pour le moment.

Après avoir ainsi éliminé les questions sur lesquelles l'accord complet n'a pu se faire, M. Van Overbergh dégage les quatre points unanimement admis :

C'est d'abord la reconnaissance officielle, consacrée dans l'article 7 des propositions de la Sous-Commission d'Assistance publique, de l'auxiliaire précieux que constitue la Bienfaisance privée à côté de l'Assistance publique. Aucune délégation n'a méconnu le rôle important qui lui était dévolu dans la lutte contre le paupérisme notamment au point de vue préventif. C'est l'entérinement officiel d'un des vœux les plus significatifs émis par le Congrès de Copenhague.

Un autre vœu de ce même Congrès, que la Commission a tenu à consacrer, c'est l'engagement pris par tous les États de favoriser autant que possible le développement des associations ou établissements de bienfaisance privée. C'est l'article 16 de la convention qui vous sera proposée demain.

Le troisième point qui a paru rallier aussi tous les suffrages, c'est l'intérêt qu'auraient deux États à s'entendre par des accords spéciaux pour accorder réciproquement les mêmes avantages aux sociétés d'assistance de chacun d'eux qui auraient leur siège sur le territoire de l'autre.

Et M. Van Overbergh cite à titre d'exemple l'hospice belge de Courbevoie et certaine société d'assistance française de Bruxelles; la personnalité juridique de tous deux est incomplète; l'une et l'autre gagneraient beaucoup au fait que les deux pays intéressés leur consentiraient des avantages, notamment au point de vue de la capacité de recevoir des libéralités.

Jetant un dernier coup d'œil sur les résultats des travaux de la Commission, M. le délégué de la Belgique, tout en regrettant que le projet de statut international n'ait pu être adopté dès maintenant, signale les progrès que le simple vœu de statut international peut réaliser. Ce vœu fait sortir l'idée du domaine des hypothèses; il a reçu ici, il va recevoir définitivement une consécration en quelque sorte officielle puisqu'il sera soumis avec faveur à l'examen des divers gouvernements et qu'il aura pour défenseurs les représentants les plus autorisés de chaque pays. Ce statut est un premier essai d'unification des législations de bienfaisance. Il est en même temps un modèle type pour les conventions particulières entre États relatives aux sociétés d'assistance. Il peut enfin être pris en considération par les divers États au moment où des modifications de leur législation interne viendraient à être discutées.

M. Van Overbergh rappelle à la Conférence que c'est à la suite d'une demande de la délégation française qu'il a introduit le vœu d'un statut international des associations dans les vœux du Congrès de Copenhague; il rend hommage à cette initiative qui correspondait à sa conviction personnelle. Il estime qu'en ce moment il est juste de se souvenir aussi de l'action bienfaisante du Bureau international d'informations et d'études pour l'assistance aux étrangers présidé par M. Loubet et il espère que la Conférence saura reconnaître d'une façon ou d'une autre les mérites de ce Bureau qui, par le succès du Congrès de Copenhague, a amené l'idée à la Conférence diplomatique de Paris.

Il émet le vœu que le double effort des gouvernements et de l'initiative privée ait pour effet de développer cette forme élémentaire du statut international; grâce aux travaux de la Commission d'assistance privée et à la critique savante qu'a subi ce projet de statut, celui-ci s'est épuré, quintessencié, simplifié, avec une pointe de pénétration si aigue qu'il paraît capable d'entrer sans causer de douleur presque, dans les divers organismes juridiques nationaux. Il convient naturellement d'agir sur l'opinion publique; et nous attendons beaucoup à ce point de vue du comité international des Congrès d'assistance publique et privée, qui tiendra sans doute à remettre la question à l'ordre du jour du congrès de Londres.

M. Van Overbergh termine son discours en rappelant le mot de Gœthe: « nous pouvons attendre avec confiance les fruits d'or de la réalisation ».

M. Percy Loraine, délégué de la Grande-Bretagne, demande si ce vœu de statut international émane de la Commission ou s'il est dû seulement de l'iniative d'une délégation.

M. le Président fait observer que le projet est un simple vœu présenté par la Commission d'assistance publique conformément à l'invitation qui lui a été adressée par la Commission de bienfaisance privée dans sa dernière séance.

Il rappelle d'ailleurs que ce vœu va être soumis à l'examen de la Conférence article par article et que, pour chacun de ces articles, la discussion sera ouverte avant le vote.

M. le Président donne la parole à M. Brondi, rapporteur de la 2e Commission.

M. Brondi donne successivement lecture des divers articles du projet.

ARTICLE PREMIER.

Les Puissances contractantes accorderont la reconnaissance légale aux associations et établissements constitués en vue de l'assistance aux étrangers qui rempliront les conditions ci-après.

M. Mesureur, délégué de la France, demande qu'il soit spécifié que les établissements, dont il est question dans l'article, sont des établissements privés.

M. le Président et M. Van Overbergh estiment que c'est bien là le sens que la Commission a voulu donner au mot « établissement ».

Il est sous-entendu qu'il s'agit d'établissements privés.

M. Brondi remarque qu'un élément de droit public intervient avec la reconnaissance par acte de l'État, où l'établissement a son siège selon la convention internationale ; mais il est d'accord qu'il s'agit d'établissements d'origine privée ; cela était entendu lorsqu'on a proposé d'ajouter aux associations les établissements.

M. le Baron Guillaume soutient l'opinion émise par M. Mesureur et demande que cette observation nécessaire soit consignée au procès-verbal.

La Conférence se range à cet avis.

L'article 1er est adopté à l'unanimité.

ART. 2.

Les statuts de chacun de ces établissements et associations détermineront les règles essentielles et les organes nécessaires à leur fonctionnement.

Sur la proposition de M. le Président, l'article modifié par la substitution du mot « détermineront » au terme « contiendront », est adopté à l'unanimité, il est ainsi rédigé :

« Les statuts de chacun de ces établissements et associations détermineront les règles essentielles et les organes nécessaires à leur fonctionnement ».

ART. 3.

S'il y a lieu, la publication, l'enregistrement et l'approbation des statuts se feront conformément aux lois, règlements et usages du Pays où l'association ou l'établissement a son siège.

L'article 3 est adopté à l'unanimité des voix, moins celle de M. le délégué de l'Allemagne qui déclare s'abstenir.

ART. 4.

Ces associations et établissements jouiront de la capacité juridique, notamment du droit d'ester en justice, de recevoir des cotisations et des subventions.

Ils pourront posséder les immeubles nécessaires à la réalisation de leur but charitable et à leur administration; ils pourront recevoir des libéralités, sous réserve de l'autorisation du Gouvernement du Pays où l'association ou l'établissement a son siège, quand cette autorisation est exigée par la loi de ce Pays.

L'article 4 est adopté à l'unanimité des voix, moins celle de M. le Délégué de l'Allemagne qui déclare s'abstenir.

ART. 5.

Les immunités et diminutions d'impôts accordés aux associations et établissements qui secourent les nationaux leur seront applicables.

M. Mesureur attire l'attention de la Conférence sur les dangers que présente la création trop facile des œuvres de bienfaisance privée. Beaucoup naissent dont le but est excellent, les intentions très louables mais l'action faible ou même nulle. Pour que ces œuvres soient utiles, il faut qu'elles aient une base solide et mieux vaut encore les empêcher de naître que de les laisser se constituer pour vivre d'une existence précaire.

M. Mesureur voudrait que certaines garanties soient exigées de ces Associations ou Établissements, une attache avec le pays d'origine telle qu'une subvention, par exemple.

Mais il laisse à la Conférence le soin de préciser ces garanties. Il la met seulement en garde contre les générations spontanées d'associations trop faibles qui constituent trop souvent un décor vain et inutile.

M. Van Overbergh reconnaît le bien-fondé de l'observation de M. Mesureur; mais estime que les garanties réclamées, indispensables en effet, pourront être exigées par les Gouvernements en vertu des dispositions de l'article 3.

M. Mesureur objecte que l'article 3 ne vise que l'intervention du pays de résidence et non celle du pays d'origine.

M. Alphand remarque que la proposition de la Délégation française faisait état des idées émises par M. Mesureur en décidant de placer les associations de bienfaisance sous le patronage du Gouvernement du pays d'origine.

M. Van Overbergh répond que certains pays n'admettraient pas cette obligation. Étant donné le régime libéral qu'ils possèdent, une telle subordination apparaîtrait comme une restriction, un recul inadmissible.

M. Mesureur déclare avoir voulu simplement attirer l'attention de la Conférence sur ce point et n'insiste pas pour qu'il soit expressément formulé dans le texte soumis à son examen.

L'article 5 est adopté à l'unanimité des voix, moins celle de M. le Délégué de l'Allemagne qui déclare s'abstenir.

Art. 6.

Les associations ne pourront être dissoutes et les établissements supprimés — en dehors des motifs tirés de l'ordre public — que pour violation de la loi ou des statuts.

Si l'association ou l'établissement n'a pas pris de décision relativement à l'attribution de son patrimoine ou à défaut de dispositions contenues dans les actes de libéralité, l'actif net sera attribué par l'État d'origine à des associations ou établissements similaires.

M. Rondel estime qu'il est utile de préciser dans l'article qu'il s'agit de l'attribution de l'actif, après déduction du passif et propose l'expression « actif net » à la place du seul mot « actif ».

M. Percy Loraine signale l'intérêt qu'il y aurait à éviter l'ingérence d'un État, en l'espèce l'État d'origine, dans des questions de patrimoine pouvant se rapporter au territoire d'un autre État, l'État de résidence. Il observe de plus que les deux alinéas de l'article lui paraissent sans lien entre eux.

M. Van Overbergh, pour répondre à ces critiques qu'il juge fondées, demande que la rédaction de l'article 6 soit modifiée dans le sens indiqué par MM. Rondel et Loraine, notamment par l'addition à la fin de l'article des mots « après que l'État de résidence l'aura recueilli », et par un raccord entre les deux alinéas.

M. le Président fait observer que, dans l'esprit des auteurs de l'article, l'intervention de l'Etat d'origine a été prévue pour éviter que le patrimoine des œuvres de bienfaisance ne fut attribué, dans certains cas, à l'État de résidence. M. Hébrard de Villeneuve cite l'exemple de la législation française qui dans l'article 713 du Code civil décide que les biens « vacants et sans maître » sont attribués à l'État. »

M. de Navailles propose la rédaction suivante :

« . . . . l'actif sera, après liquidation, remis par l'État de résidence à l'État d'origine pour être attribué à des associations ou établissements similaires. »

M. Alphand se rallie à l'expression « après liquidation ».

M. Rondel propose les termes « actif net. »

Les avis de MM. les Délégués paraissant partagés, M. le Président demande à la Conférence de se prononcer entre les deux rédactions et met aux voix l'expression « Actif net ».

Cette expression est adoptée par 6 voix contre 4 (la délégation française déclare s'abstenir).

L'article 6 modifié comme il suit est en conséquence adopté à l'unanimité :

« Les associations ne pourront être dissoutes et les établissements supprimés — en dehors des motifs tirés de l'ordre public — que pour violation de la loi ou des statuts :

« En cas de dissolution ou de suppression, si l'Association ou l'établissement n'a « pas pris de décision relativement à l'attribution de son patrimoine ou à défaut de « dispositions contenues dans les actes de libéralités, l'actif net sera remis par l'État de « résidence à l'État d'origine pour être attribué à des Associations ou à des établisse- « ments similaires. »

M. Alphand propose de libeller ainsi le titre du projet :

« Vœu en faveur d'un projet de Convention relatif à la création d'un statut international des associations et établissements constitués en vue de l'assistance aux étrangers. »

Cette rédaction est adoptée à l'unanimité.

L'ensemble du vœu mis aux voix est adopté à l'unanimité des voix moins celle de M. Jung, délégué de l'Allemagne, qui déclare s'abstenir.

M. le Comte F. Reventlow, délegué du Danemark, présente la motion suivante :

« Parmi les résolutions du Congrès de Copenhague qui vous sont soumises, se trouve le vœu que le bureau international d'assistance, sous la haute présidence de M. Loubet, soit maintenu et serve de bureau central pour la propagande et la réalisation des résolutions.

« Je me permets donc de proposer que ce vœu sera maintenu par cette Conférence internationale et ajouté à nos résolutions, aussi pour témoigner notre sincère appréciation du travail important effectué par le Bureau.

« Ce vœu — je crois — pourrait être inséré en ces termes :

« Le « Bureau international d'informations et d'études pour l'assistance aux étrangers » est invité à continuer ses travaux et la propagande concernant l'assistance et la prévoyance en faveur des étrangers indigents. »

M. Van Overbergh déclare s'asssocier de tout cœur à cette initiative qui répond au désir qu'il exprimait à la fin du discours prononcé par lui au début de la séance. Mais il estime qu'il y a lieu de ne pas rattacher ce vœu à celui qui vient d'être admis en faveur du Statut international. Cette décision de la Conférence est suffisamment importante pour mériter une place autonome bien en vue.

M. le Président demande à la Conférence si elle est d'avis de prendre ce vœu en considération.

La Conférence se prononce à l'unanimité pour l'affirmative, et sur la proposition de M. le baron Guillaume, elle décide de le formuler en ces termes dans le protocole de clôture :

« Le Bureau international d'informations et d'étude pour l'assistance aux étrangers est invité à continuer ses travaux et sa propagande concernant l'assistance et la prévoyance en faveur des indigents étrangers. »

La séance est levée à quatre heures et demie.

ANNEXE N° 1

AU PROCÈS-VERBAL DE LA SÉANCE DU 2 DÉCEMBRE 1912.

RAPPORT

PRÉSENTÉ

AU NOM DE LA COMMISSION DE LA BIENFAISANCE PRIVÉE

PAR M. VITTORIO BRONDI,

DÉLÉGUÉ DE L'ITALIE.

La Conférence internationale d'assistance aux étrangers ne pouvait évidemment négliger le problème des institutions de bienfaisance privée ayant ce même but.

Ces institutions, créées par l'initiative individuelle, sont bien loin de pourvoir à elles seules aux besoins de l'assistance; mais leur action peut très utilement s'associer à l'action déployée par les pouvoirs publics.

L'assistance publique est, par sa nature même, subsidiaire; elle doit intervenir seulement quand et là où la bienfaisance privée fait défaut; celle-ci occupe naturellement la première place après l'assistance familiale, jaillissant de sentiments affectifs, qui remplacent presque ceux de la famille et en constituent comme un prolongement et une extension; dans l'armée qui lutte contre la misère et ses funestes conséquences, elle forme l'avant-garde des volontaires.

Pour ce qui concerne particulièrement, dans le champ international, les rapports de l'État d'origine et de l'État de résidence des indigents, le rôle des institutions privées de bienfaisance est sans doute profitable à tous les deux, car il produit un soulagement du poids de l'assistance, quel que soit l'État sur lequel cette charge doit tomber : la sûre constitution et le fructueux fonctionnement de ces puissants instruments de bien sont donc d'un intérêt général et commun. Après çà il est bien naturel que l'argument ait été pris en considération dans les différents Congrès internationaux sur l'assistance.

* * *

En effet, dans le Congrès de Genève (1896) on a, d'abord, formulé les vœux que les Gouvernements en chaque pays favorisent la création de sociétés de bienfaisance ayant pour mission de subvenir à l'assistance des étrangers avec les ressources de l'initiative privée et avec les subventions de leur pays et que soient émanés des règlements spéciaux pour déterminer les rapports entre ces Sociétés et les diverses autorités.

Après, en 1900, le Congrès de Paris émit le vœu que dans les divers pays l'autorisation à accorder pour la constitution et le fonctionnement des Sociétés de bienfaisance étrangères soit facilitée par les gouvernements. Ensuite, dans le Congrès de Milan (1906), le rapporteur, constatant l'aide que la bienfaisance privée peut donner à la bienfaisance publique et en même temps la difficulté de connaître l'existence des institutions privées, avait souhaité la communication entre les divers États de la note de toutes les institutions de bienfaisance privée, existant sur les divers territoires, qui accordent des secours aux étrangers.

Enfin dans le Congrès de Copenhague (1910), dont les résultats constituent la base de nos discussions et de nos travaux, l'idée en marche s'affermit, s'élargit, se précisa. La question a été posée et visée en manière plus complexe et plus complète. Les vœux du rapporteur, les propositions de la Délégation française présentées par M. Hébrard de Villeneuve, des éloquents discours prononcés, particulièrement celui de M. Dunant, ont contribué à composer un cadre plus large, plus grand et plus riche.

On précisa les mesures de faveur demandées ; à côté des associations on a rappelé les établissements qui sont largement répandus ; on insista pour l'autorisation à posséder, à recevoir des dons et des legs, c'est-à-dire sur la personnification juridique des institutions ; on a préconisé un statut international adapté à leur but ; dans un mot, on a mis les fondements pour bâtir l'édifice.

*
* *

A cet ensemble d'idées avec les développements opportuns, s'inspira en grande partie le projet déposé au Bureau par M. Van Overbergh et proposé à la discussion de la Commission de la bienfaisance privée.

La disparité des points de vue et les diverses appréciations manifestées dans cette discussion ont clairement démontré que la question n'était pas si mûre à permettre des conclusions résolutives. Ces motifs ont pareillement conseillé le renvoi de toute discussion à la Sous-Commission d'assistance publique où, avec les engagements qu'on pouvait éventuellement proposer aux Gouvernements pour favoriser les institutions de bienfaisance privée, le problème aurait pu être posé de nouveau.

Et, tandis que ce renvoi a donné à la susdite Sous-Commission le moyen de faire, dans le projet par là même élaboré, une affirmation en faveur de la bienfaisance privée, il a aussi renouvelé l'occasion de constater dans les discussions et dans les propos échangés la complexité du problème.

C'est pour çà que M. van Overbergh a cru convenable de reprendre le projet sous autre forme, c'est-à-dire de le présenter, avec les amendements et les compléments introduits au cours des diverses séances, comme objet d'étude pour les différents Gouvernements, au lieu de le présenter comme un ensemble d'accords à conclure ; et, dans cet ordre d'idées, la Commission propose à la Conférence qu'elle veuille bien exprimer le vœu de voir étudier, par les différents Gouvernements représentés à la Conférence de Paris, ledit projet de Convention relative à la création d'un Statut international des associations et établissements constitués en vue de l'assistance aux étrangers.

Cette étude de la part des divers Gouvernements contribuera à préciser toujours davantage les termes de la question, à éclaircir les divergences et les points de contact et d'entente et à établir si et dans quelle mesure existe un substrat d'idées communes, sur lesquelles l'on puisse compter pour la réalisation pratique du projet.

Cela prémis, c'est à noter que deux sont les idées principales qui ont présidé à la rédaction de ce projet : le régime juridique à donner aux institutions privées de bienfaisance ; les encouragements financiers à leur accorder. Nous allons les considérer séparément.

* * *

Pour ce qui regarde le premier point, après ce qu'on a déjà dit, il est bien naturel que le pivot de ce régime légal soit la personnalité juridique à octroyer aux institutions privées, avec la conséquente capacité de ces mêmes à recevoir des libéralités par acte entre vifs ou *mortis causa,* c'est-à-dire à être des sujets actifs et passifs de droits. Cette attribution est la base et la condition indispensable pour une vie active et féconde. Ainsi leur régime patrimonial vient soustrait aux normes insuffisantes des sociétés de fait et des simples communions et aux incertitudes de la jurisprudence flottante, pour être transplanté dans le terrain solide et profitable de la personnalité juridique, sûr noyau de consistance financière actuelle, point d'appui pour incréments économiques futurs.

Mais, établie en principe la nécessité d'octroyer la personnalité civile, comment faudra-t-il accorder cette concession ? Se remettre complètement au droit de chaque État, ou bien dicter quelque règle de caractère commun et international ?

La grande disparité des législations des divers pays a originé, en pratique, des difficultés très fréquentes et sérieuses. D'ailleurs, si l'idéal serait l'uniformité des lois sur l'assistance aussi pour ce qui concerne les institutions d'initiative privée, cet idéal est bien loin à atteindre, tellement il est difficile de voir changer le droit national des différents États, profondément enraciné dans des conditions économiques et sociales multiples et variées, tellement est lente l'évolution intérieure vers des buts communs à tous les peuples civilisés.

Plus aisé et plus prompt est le système des conventions internationales, à déférer aux Pouvoirs compétents des États contractants, ayant pour objet des règles et des principes valables pour tous les pays. Ainsi une notion juridique passe avec certitude dans le domaine du droit international, qui marque la même de son sceau et de son empreinte. Voilà le *Statut international* préconisé au Congrès de Copenhague, vêtement plus ample, approprié à des besoins plus larges, satisfaisant des aspirations communes et nouvelles, prodrome de législation unifiée.

C'est le penchant, c'est la tendance des temps modernes, dans lesquels abondent ces conventions internationales, superstructures juridiques s'appuyant à des phénomènes économiques et sociaux, qui surpassent l'un et l'autre État et embrassent des cycles de vie commune toujours plus élargie et plus intense, au fur et à mesure que les liens entre les peuples deviennent plus fréquents et plus étroits.

Ceci a été fait avec des nuances et des procédés différents dans plusieurs branches du droit, par exemple pour la propriété industrielle, artistique et littéraire et pour la lettre de change, et, chose encore plus notable, un type de statut spécial est en train d'être élaboré pour des Sociétés internationales ayant des buts non-économiques, c'est-à-dire pour des Sociétés qui ont, comme les nôtres, un esprit d'altruisme et d'idéalisme. Et, peut-être, dans les actes et dans les travaux du Congrès mondial de ces Associations, qui eût lieu à Bruxelles, il y aurait eu quelque chose à puiser pour ce rapport et pour nous, si le délai très court qu'on a dû nécessairement fixer au rapporteur ne l'en avait empêché.

Il est possible ainsi de s'approcher plus promptement de cette unification de la législation sur l'assistance, dont il est mention dans le questionnaire du Gouvernement français et qui est dans les aspirations de plusieurs.

Cela arrêté, passant à dire quelques mots en concret sur le projet de convention, nous remarquons que la reconnaissance légale, c'est-à-dire essentiellement la notion de personnalité juridique, est le concept unificateur qui vient assumé dans le domaine du droit international (art. I). Et cela, en effet, suffit, car l'idée de la personnification, c'est vraiment le *punctum saliens* de la question.

Une partie encore assez ample est laissée aux divers droits territoriaux, car selon l'article III, la publication, l'enregistrement et l'approbation, s'il y a lieu, des statuts se font conformément aux lois et usages du pays de résidence. Tout cela paraît parfaitement convenable; l'assomption de ces divers points et arguments dans une Convention internationale unificatrice se heurterait dans des innombrables difficultés touchant à des conditions de fait et de droit, qu'il faudrait complètement changer. D'ailleurs cette matière se rattache aussi, en partie, à des questions de procédure et de forme, qui peuvent à juste titre revendiquer une nature territoriale.

L'article II concerne les conditions fondamentales de la vie juridique des associations et des établissements, c'est-à-dire les organes nécessaires et les règles essentielles à leur fonctionnement.

L'article IV regarde les effets principaux de l'octroi de la personnalité juridique, avec quelques limitations pour ce qui concerne la possession des immeubles et pour les libéralités.

L'article VI contemple la cessation des associations et des établissements avec des règles pour déterminer l'attribution du patrimoine; ce sont des règles qui s'expliquent très facilement et on pourrait dire que c'est un droit naturel pour des espèces d'associations et d'établissements touchant en quelque façon à l'intérêt public.

*
* *

Le deuxième argument, relatif aux mesures financières de faveur, est complètement discipliné par l'article V. Cet article dit que les immunités et les diminutions d'impôts accordées aux associations et aux établissements d'assistance qui secourent les nationaux, sont applicables aux institutions d'assistance pour les étrangers.

La justification de telle disposition est très claire et très simple.

Ce sont, d'abord, des raisons d'humanité, qui imposent la renonciation à ce léger profit de la part de l'État, où résident de telles institutions bienfaisantes.

C'est, après un motif, dirais-je, d'eurithmie législative et juridique qui le suggère, car ce serait une vraie *inelegantia juris*, que des associations ou des établissements, jouant le même rôle social et visant substantiellement aux mêmes buts, se trouvassent dans une condition différente en égard aux contributions publiques. C'est, enfin, un calcul bien adroit qui le conseille, car aussi l'État de résidence des indigents a tout intérêt à ôter les entraves et à créer un milieu favorable au fécond épanouissement de ces institutions.

ANNEXE N° 2.

PROJET DE CONVENTION

RELATIVE

À LA CRÉATION D'UN STATUT INTERNATIONAL

DES

ASSOCIATIONS ET ÉTABLISSEMENTS

CONSTITUÉS EN VUE DE L'ASSISTANCE AUX ÉTRANGERS.

La Conférence exprime le vœu de voir étudier par les différents Gouvernements représentés à la Conférence de Paris le projet ci-après de Statut international des associations et établissements constitués en vue de l'assistance aux étrangers.

Entre les Puissances signataires de lap résente Convention et celles qui, ultérieurement, y adhèreront, il est convenu ce qui suit :

ARTICLE PREMIER.

Les Puissances contractantes accorderont la reconnaissance légale aux associations et établissements constitués en vue de l'assistance aux étrangers qui rempliront les conditions ci-après.

ART. 2.

Les statuts de chacun de ces établissements et associations contiendront les règles essentielles et les organes nécessaires à leur fonctionnement.

ART. 3.

S'il y a lieu, la publication, l'enregistrement et l'approbation des statuts se font conformément aux lois, règlements et usages du Pays où l'association ou l'établissement a son siège.

ART. 4.

Ces associations et établissements jouiront de la capacité juridique, notamment du droit d'ester en justice, de recevoir des cotisations et des subventions.

Ils pourront posséder les immeubles nécessaires à la réalisation de leur but charitable et de leur administration; ils pourront recevoir des libéralités, sous réserve de l'autorisation du Gouvernement du Pays où l'association ou l'établissement a son siège quand cette autorisation est exigée par la loi de ce Pays.

ART. 5.

Les immunités et diminutions d'impôt accordées aux associations et établissements qui secourent les nationaux leur sont applicables.

ART. 6.

Les associations ne pourront être dissoutes et les établissements supprimés — en dehors des motifs tirés de l'ordre public — que pour violation de la loi ou des statuts.

Si l'association ou l'établissement n'a pas pris de décision relativement à l'attribution de son patrimoine ou à défaut des dispositions contenues dans les actes de libéralité, l'actif sera attribué par l'État d'origine à des associations ou établissements similaires.

TROISIÈME SÉANCE.

MARDI 3 DÉCEMBRE 1912.

PRÉSIDENCE DE M. HÉBRARD DE VILLENEUVE.

La séance est ouverte à cinq heures et demie.

Sont présents tous les délégués à l'exception de :

M. BLISS, délégué des États-Unis d'Amérique;

M. CASTAÑO, délégué de la République argentine;

MM. ROMANOS et POLITIS, délégués de la Grèce;

M. LINDBLOM, délégué de la Suède.

M. LE PRÉSIDENT donne la parole à M. ALPHAND, *Rapporteur*.

M. ALPHAND dépose sur le bureau de la Conférence son rapport présenté sur le projet de convention au nom de la Commission d'assistance publique. Il lui paraît inutile de procéder à une seconde lecture et à un second vote. La Conférence n'a plus qu'à se prononcer sur les conclusions du rapport (voir l'annexe n° 2) et sur le projet de Protocole (voir l'annexe n° 3).

M. LE PRÉSIDENT demande si personne n'a d'observations à présenter au sujet du protocole.

M. le Comte F. REVENTLOW, délégué du Danemark, indique qu'au 1er mars, son Gouvernement n'aura pas eu le temps d'étudier le projet de Convention.

M. BACHKE, délégué de Norvège et M. ARGETOYANO, délégué de Roumanie, appuient cette observation.

Après échange de vues à ce sujet, il est décidé que la 2e session de la Conférence sera fixée au 15 avril 1913, et que la remise au Gouvernement français des observations des divers Gouvernements devra avoir lieu avant la fin de février 1913.

M. LE PRÉSIDENT demande ensuite aux délégués s'ils ont des observations à présenter ou des réserves à formuler au sujet des conclusions du rapport.

M. von Jecklin lit la déclaration suivante :

« La Délégation allemande ne manquera pas de soumettre à l'appréciation de son Gouvernement le projet de Convention élaboré par la Conférence.

« Elle peut vous assurer que le Gouvernement impérial s'empressera de prêter son concours pour aider, dans la mesure du possible, à la solution des questions qui ont formé l'objet de la Conférence.

« Tout en accédant aux principes sur lesquels le projet est basé, le Gouvernement impérial n'est cependant pas encore en mesure de prendre, dès à présent, un engagement définitif au sujet de tous les détails du projet.

« Dans ces circonstances, la Délégation allemande a à formuler les quelques réserves, suivantes :

« *Sur les articles 2 et 21 du projet :* parce que l'article 2 ne fixe pas expressément un minimum de secours, tel qu'il avait été envisagé par l'article 1, § 2, du projet de la délégation allemande. Les mots « assistance efficace et satisfaisante » du préambule et l'article 21 du projet ne pouvant pas, d'après l'avis du Gouvernement impérial, remplacer utilement une disposition aussi essentielle.

« *Sur les articles 4, 5, 6, 9, 10 et 11 :* parce que ces articles contiennent quelques mesures de procédure qui, d'après l'avis du Gouvernement impérial, devraient plutôt former l'objet de Conventions spéciales entre les États, en raison de la diversité des langues, de l'organisation des administrations, des moyens de communication, etc.

Sur l'article 12 : parce qu'il touche à une question de nationalité, qui n'a aucune connexion avec une question d'assistance. »

M. le baron Jean d'Eichhoff fait les déclarations ci-après :

« La Délégation autrichienne s'empressera de soumettre à l'appréciation de son Gouvernement les projets élaborés par cette haute Conférence. Comme les principes essentiels du modeste projet que l'Autriche a pris la liberté de vous soumettre se trouvent réalisés dans les textes acceptés, je suis fondé à croire qu'on pourra se rallier au présent projet sans aucune restriction. Il n'y a d'ailleurs, selon moi, pas lieu d'apporter des réserves aux textes élaborés, étant donné que la Conférence se borne à les faire soumettre à l'étude des Gouvernements respectifs. Le Gouvernement autrichien va se livrer à cet examen dans le plus bref délai et avec tout l'intérêt et l'empressement que mérite la question; je considère, d'ailleurs, en ce qui me concerne personnellement, comme mon devoir de soutenir auprès de mon Gouvernement les idées dont s'inspire le projet et de faire valoir les raisons qui lui ont fait donner la forme présente. »

M. le Docteur Szana déclare au nom de M. de Koszeghy, premier délégué de Hongrie, que son Gouvernement étudiera avec attention le projet de convention, et il espère que rien ne s'opposera à l'accord. Il rappelle les réserves qu'il a déjà présentées en séance de Commission et qui, s'inspirant de l'intérêt de l'enfant, tendent à apporter un tempérament à la règle générale de non-séparation des parents d'avec les enfants, au cas où les parents sont indignes. D'ailleurs, il fait remarquer que bien souvent, presque dans la plupart des cas, l'enfant abandonné est placé en nourrice. Il ne connaît que sa famille adoptive, il ne connaît que la langue de son pays de résidence, jamais de sa vie il n'a entendu la langue de son pays d'origine. Ce serait une cruauté, ce serait également contraire aux principes humanitaires que d'enlever cet enfant de ce pays, de cette famille où il est enraciné. C'est pourquoi la Délégation hongroise propose de ne pas séparer l'enfant enraciné dans le pays de résidence — de ce pays et de sa famille adoptive.

M. le Baron Guillaume déclare accepter le projet sans y apporter de réserves.

M. le Comte F. Reventlow n'a pas non plus d'observations à présenter, sauf en ce qui concerne les réserves formulées en séance de commission et portant sur l'hypothèse où le besoin d'assistance a cessé quand l'autorisation du rapatriement arrive de la part du pays d'origine : en ce cas, le rapatriement ne serait pas effectué.

M. de Reynoso lit la déclaration suivante :

« La délégation d'Espagne s'empressera d'apporter le projet de convention d'assistance à la connaissance du Gouvernement de Sa Majesté qui lui prêtera son attention la plus bienveillante. L'assimilation des étrangers aux nationaux, pour ce qui est du régime de l'assistance, a en Espagne un précédent important dans la loi sur la bienfaisance du 6 février 1822. L'article 92 de cette loi dispose que l'étranger établi dans une ville pour y exercer un métier ou une profession utile qui serait mis dans l'impossibilité de gagner sa vie, aura sa part dans tous les secours que la nation accorde aux Espagnols dans le besoin et sera soumis aux mêmes lois et règlements.

« En effet, actuellement, les municipalités aussi bien que les Conseils généraux et l'État prêtent assistance publique aux étrangers dans les mêmes conditions qu'aux Espagnols. Leur aptitude au secours, en cas d'indigence, est reconnue, sinon leur droit à ce secours, l'assistance étant facultative en Espagne, c'est seulement dans des cas extraordinaires réservés expressément aux nationaux, comme par exemple l'assistance donnée à l'asile des Invalides du Travail, que les indigents étrangers ne bénéficient pas de cette assistance. Pour l'accorder aux étrangers, des conventions spéciales seraient indispensables.

« La Délégation d'Espagne adhère en principe aux conclusions posées dans le projet de convention et formule une réserve au sujet de l'article 19 de ce projet. »

M. Mirman donne lecture des déclarations ci-après :

« Puisqu'il a été décidé d'une part que les procès-verbaux des séances de Commission ne seraient pas imprimés, d'autre part que le rapport présenté par M. Alphand au nom de la Commission d'Assistance publique se bornerait à commenter le texte adopté par la majorité de celle-ci sans faire allusion aux débats de principe qui se sont déroulés devant elle sur les divers projets en présence, la Délégation française, prenant acte de cette décision qu'elle ne critique point, estime devoir, dans la présente assemblée générale, exposer sommairement les idées qui l'ont inspirée depuis l'ouverture des travaux de la Conférence, qui lui ont dicté les deux parties du projet de convention relatives l'une à l'assistance publique, l'autre à l'assistance privée, qu'elle a eu l'honneur dès le début de vous soumettre comme base de discussion et dont elle demande l'annexion au procès-verbal de la présente séance; cet exposé lui paraît indispensable pour que chacun de vous comprenne bien les raisons qui la contraignent de faire aujourd'hui des réserves formelles sur une partie fort importante du projet de convention qui vient d'être élaboré.

« En ce qui concerne l'assistance privée, nous avions eu l'honneur de vous présenter un projet destiné à assurer un statut juridique aux sociétés ou établissements privés constitués par des étrangers en vue de l'assistance à leurs nationaux. Si ce statut ou tel statut analogue eût été, comme nous le souhaitions, incorporé dans la Convention, certains États signataires de celle-ci eûssent été incontestablement dans l'obligation de modifier dans le même sens leur législation intérieure; cette considération a déterminé les membres de la Conférence à émettre en majorité l'opinion qu'il était préférable, afin de ne pas imposer cette obligation aux États susvisés, de ne point inscrire ce statut dans la Convention et de l'offrir simplement aux États comme un texte susceptible de servir de base à des accords réciproques. La Délégation française, qui attachait une grande importance à cette question et aux yeux de laquelle le développement des œuvres et établissements privés devait apporter le concours le plus efficace à la solution du délicat problème de l'assistance aux étrangers, s'est inclinée avec regret; elle ne peut s'empêcher néanmoins de constater que toute convention, en la matière qui nous occupe, doit nécessairement entraîner des modifications dans la législation intérieure des diverses parties contractantes et que l'éventualité de telles modifications n'était pas plus grave, semble-t-il, en ce qui concerne le statut de ces sociétés spéciales qu'en ce qui concerne les diverses lois relatives à l'assistance publique.

« A l'égard de l'assistance publique la Délégation française avait eu l'honneur de soumettre à la Conférence, comme base de discussion, un projet dont je résume ici l'économie générale :

« 1° Le pays de résidence devait accorder l'assistance aux étrangers se trouvant chez lui dans les mêmes conditions qu'il l'accorde à ses propres nationaux. C'était donc l'assimilation intégrale. Les justes exigences de la philanthropie se trouvaient ainsi satisfaites.

« 2° Le pays de résidence faisait les avances de toutes ces dépenses d'assistance le pays d'origine, responsable à nos yeux à l'égard de son ressortissant, remboursait ultérieurement ces avances, sauf dans certains cas spécifiés; il pouvait d'ailleurs à son gré mettre un terme à ce remboursement en rapatriant chez lui son ressortissant;

« 3° Nous proposions qu'il n'y eût pas lieu à remboursement à l'égard des étrangers ayant une longue durée de résidence et que l'on pouvait considérer comme ayant acquis dans ce pays de résidence une sorte de nationalité de fait;

« 4° Nous proposions que quelle que fût la mesure d'assistance, — et sauf bien entendu accords spéciaux contraires, — le remboursement n'eût pas lieu pendant les dix premiers jours;

« 5° Nous offrions un mode simple et pratique pour le règlement des comptes ;

« 6° Nous laissions à deux États la faculté de décider par des accords spéciaux qu'il n'y aurait pas lieu à remboursement soit pour certaines catégories, soit pour l'ensemble de leurs assistés ;

« Ce système, dont la clarté ne peut être contestée, reposait sur l'idée que nous nous faisons et que nous avons défendue du devoir d'une Nation envers ses ressortissants, devoir qui subsiste intégralement lorsque ceux-ci ont franchi la frontière ; il reposait sur la conception que nous nous faisons et que nous avons défendue de la Nation, de la Patrie, famille plus large que la famille naturelle, et famille qui ne peut jamais être défaillante et sans ressources. Nous restons fidèles à cette conception qui n'est point, quoiqu'on en ait dit, une conception littéraire, mais résulte des conditions historiques dans lesquelles la plupart des Nations se sont constituées.

« Nous ne méconnaissions point cependant qu'un pays dût gratitude et eût des obligations envers les étrangers qui viennent travailler chez lui ; mais, d'une part, nous observions que ceux-ci se trouvent dans une large mesure payés de leurs services et par des salaires plus élevés et par les économies que ces salaires leur permettent de réaliser et d'envoyer dans leur pays d'origine, et par l'application qui leur est faite, comme aux travailleurs nationaux, de l'ensemble de la législation du travail ; nous observions, d'autre part, que l'émigration n'est pas commandée seulement par les besoins du pays qui reçoit la main d'œuvre étrangère, mais aussi par les besoins du pays qui l'exporte ; que sa brusque interruption diminuerait la production du premier, mais déterminerait dans le second une crise de chômage et de misère plus redoutable encore ; que cette émigration est donc utile à l'un et à l'autre pays, et qu'il est inadmissible, n'apercevant que le bénéfice qu'en tire le pays de résidence, d'en conclure que celui-ci doit supporter la majeure partie des charges d'assistance de ces travailleurs.

« Nous avons ajouté que les services rendus par le travailleur étranger sont proportionnés à la durée de résidence de celui-ci ; le souci de cette considération se retrouvait dans une des dispositions de notre projet.

« Nous avons relevé aussi que la France est un pays à la frontière ouverte, où quiconque peut entrer sans qu'aucune garantie soit exigée de lui au point de vue des ressources, de l'état de santé, de la capacité de travail, du casier judiciaire ; qu'ainsi, l'étranger qui y vient résider peut être une valeur effective, mais qu'il peut aussi être une non-valeur, et constituer dès le premier jour une charge soit par lui-même, soit en raison de l'état d'un des siens.

« Nous avons fait valoir que le seul moyen d'assurer pratiquement, non seulement dans les textes écrits, mais dans la réalité, l'égalité d'assistance des nationaux et étrangers était de faire rembourser par le pays d'origine ; une commune, en effet, où un indigent étranger est tout récemment arrivé et qui n'a pas appris à le connaître, refusera — sauf cas d'extrême urgence, et ceux-ci sont rares, — d'assister complètement cet étranger si elle sait que les frais de cette assistance seront supportés par les contribuables nationaux ; elle n'y consentira que si elle sait que ces frais seront, en fin de compte, à la charge du budget de l'État dont cet étranger est un ressortissant.

« En ce qui concerne l'argument que l'on pouvait tirer des difficultés administratives du remboursement, nous répondions par avance, d'une part, que l'expérience prolongée faite en France dans les remboursements de communes à communes, de départements à départements n'avait soulevé aucune difficulté notable; d'autre part, qu'en excluant du remboursement les 10 ou 15 premiers jours, le nombre des cas ouvrant droit à remboursement serait extrêmement réduit; en troisième lieu, que l'on ne voyait pas sur quels points, en dehors de la détermination de la nationalité, les contestations pouvaient se multiplier; en quatrième lieu, que nous suggérions dans notre projet un moyen simple, pratique, de balancer les comptes: enfin, que l'assimilation non pas verbale mais effective des étrangers aux nationaux était si souhaitable qu'un tel progrès pouvait bien s'acheter au prix de quelque effort de bonne volonté des administrations, et cette bonne volonté nous l'apportions tout entière.

« Pour ces motifs qui devaient être précisés dans le procès-verbal de cette première Conférence internationale, la Délégation française concluait à ce que, quelle qu'eût été la mesure d'assistance, les dépenses entraînées par celle-ci et avancées par le pays de résidence fussent, pour la plus large part, et sauf cas exceptionnels dûment spécifiés, supportés par le pays d'origine.

« Contrairement à notre suggestion, il fut décidé que serait d'abord examinée la question de l'assistance temporaire, laquelle comprend essentiellement l'assistance médicale. La Délégation française, après avoir indiqué pour quelle raison elle avait, le tirant de sa législation intérieure, proposé le chiffre de 10 jours comme première base de discussions, se déclara autorisée à envisager une certaine augmentation de cette période. Elle ne put accepter le chiffre proposé de deux mois. D'abord, dans sa pensée, il devait être entendu que, s'agissant au moins d'assistance médicale, ce délai devait, qu'il y eût ou non rapatriement ultérieur, — et le rapatriement eût été là le cas tout à fait exceptionnel, — courir du jour même où la mesure d'assistance avait commencé. Nous avons démontré que ce délai de deux mois est très notablement supérieur à la durée moyenne des secours d'assistance médicale tant à domicile que dans les hôpitaux; que dans les hôpitaux de Paris, où les services ne passent point pour être infidèles au devoir d'humanité, cette durée moyenne est de 25–60 jours dans les services de médecine générale, 21–39 jours dans ceux de chirurgie, 42–57 jours dans les services spéciaux d'enfants (y compris le séjour des enfants dans des sanatoria comme Berck, séjour qui est en moyenne de 404 jours). Il nous a donc été absolument impossible de reconnaître, dans ces deux mois opposés à notre offre primitive et susceptible d'augmentation de 10 jours, une véritable transaction, puisque, même si ces deux mois avaient commencé à courir du premier jour de l'assistance, c'eût été en réalité la presque totalité de l'assistance médicale qui eût échappé à tout remboursement.

« La Délégation française a pris un soin constant de ne pas faire peser sur sa discussion des considérations d'ordre financier, bien que de telles considérations ne soient pas indignes d'une Conférence internationale, lorsque par ailleurs, et c'est ici le cas, elles ne sont en rien contraires aux principes d'humanité qui dominent le débat; cependant, elle n'a pas pu ne pas observer que l'offre d'assimilation complète sans remboursement ou, ce qui revient au même, avec non-remboursement pendant les deux premiers mois, pouvait être aisément faite par le pays où fonctionne l'assurance-maladie : dans ces pays, en effet, les travailleurs étrangers sont en presque totalité assujettis à l'obligation, payent les deux tiers de la prime et leurs patrons l'autre tiers; l'assistance médicale complète ne coûte donc rien aux budgets locaux ou national; elle est en fait réalisée par une sorte de taxe spéciale portant sur la main-d'œuvre. La situation est toute différente dans les pays comme la France, où les frais de l'assistance médicale sont supportés en totalité par les contribuables.

« N'ayant pu donner son adhésion au chiffre de 2 mois; la Délégation française ne pourra pas davantage, elle ne pourra pas *a fortiori* la donner, en ce qui concerne l'assistance temporaire, et notamment l'assistance médicale, au texte du projet de Convention. Il convient de remarquer que le chiffre de 45 jours ne mesure pas la période initiale d'assistance après laquelle s'ouvrira le droit à remboursement. En effet, il n'y aura pas remboursement, d'abord jusqu'au jour où le pays d'origine aura reçu du pays de résidence l'avis de la mesure d'assistance accompagné de diverses pièces d'identité, il est incontestable que, sauf cas exceptionnels, la constitution et l'envoi de ce dossier dureront au moins 10 jours. Alors seulement commencera à courir le délai de 45 jours; puis si l'autorisation de rapatriement arrive à la fin du délai, il faut quelques jours encore, 5 au moins, pour que soient arrêtées dans le pays de résidence les dispositions de rapatriement et qu'elles puissent être communiquées au pays d'origine, et ce n'est enfin que 10 jours après cette communication que le rapatriement pourra être effectué. En fait donc, l'assistance sans remboursement aura duré 10 plus 45 plus 5 plus 10, soit 70 jours. Cette durée pourra être plus longue; elle pourra rarement l'être moins, elle ne sera jamais inférieure à 60 jours; et nos objections restent donc entières.

« Étant donné qu'il subsiste un tel écart entre les décisions qui ont recueilli l'assentiment de la majorité et les propositions transactionnelles que nous aurions pu accepter, la France ne peut, sur ce point, que réserver sa liberté d'action pour la tractation éventuelle d'accords spéciaux avec telle ou telle nation, accords dans lesquels la durée de la période de non-remboursement et les conditions même du remboursement seront déterminées.

« A l'égard de l'assistance prolongée, notamment aliénés, enfants orphelins ou abandonnés, infirmes et incurables, nous sommes prêts, animés par un vif désir d'entente, à souscrire aux propositions présentées, bien que leur application doive nécessiter, en ce qui concerne certaines catégories de ces assistés, d'importantes modifications aux textes de nos lois intérieures.

« Nous sommes en conséquence autorisés à déclarer ici que le gouvernement de la République française ne pourra adhérer au projet de Convention que sous la réserve précise et formelle dont voici le texte :

« Le Gouvernement de la République française adhère à la présente Convention en ce qui concerne l'assistance permanente, notamment en ce qui concerne les aliénés, les enfants orphelins ou abandonnés, les infirmes ou incurables; au contraire, en ce qui concerne l'assistance temporaire, notamment l'assistance médicale, s'il souhaite vivement que soit établie l'assimilation complète entre les indigents étrangers et ses nationaux, il se réserve de ne réaliser obligatoirement cette assimilation à l'égard des ressortissants d'un État déterminé qu'après avoir précisé, par un accord spécial avec ledit État, la durée de la période de non remboursement et les conditions de remboursement; et le Gouvernement français reconnaît que la réserve formulée par lui implique comme conséquence nécessaire pour chacun des États signataires de l'ensemble de la présente Convention une réserve corrélative, à l'égard de l'assistance temporaire, pour les indigents français se trouvant sur le territoire desdits États.

« Le Gouvernement de la République française continuera d'ailleurs à accomplir envers les étrangers ayant un besoin urgent d'assistance ses devoirs d'humanité, comme il ne doute pas que les parties contractantes continueront à accomplir le leur à l'égard des indigents français se trouvant en même situation sur leur territoire.

« L'adhésion ci-dessus spécifiée du Gouvernement de la République française est subordonnée à la ratification du Parlement français, lequel sera saisi de la question dans le plus bref délai. »

M. Percy Loraine déclare que la Délégation britannique soumettra très volontiers le projet de Convention à son Gouvernement qui l'étudiera avec sympathie. Il croit devoir rappeler cependant que la Délégation britannique n'est pas autorisée à engager son gouvernement à adopter les propositions qui s'y trouvent formulées.

M. Peano déclare qu'il proposera de bon gré à son Gouvernement l'adoption du projet de Convention. Mais il demande, puisque la France a exprimé ses réserves en les appuyant d'arguments théoriques, que le procès-verbal de la présente séance, à défaut de mention expresse dans le rapport de M. Alphand, rappelle les principes généraux qu'il a lui-même exposés au sein de la Commision.

Sur la proposition de M. le Président, la Conférence décide que les observations faites en Commission par M. Peano seront annexées au procès-verbal (Voir l'annexe n° 1).

M. Tsukamoto lit la déclaration suivante :

« Comme je l'ai déjà déclaré à M. le Président de la Commission, je considère comme très importantes les propositions de la Conférence et j'estime qu'il est de mon devoir d'en donner communication à mon Gouvernement. Mais comme je manque absolument des instructions nécessaires au sujet du projet de Convention, je vous demande de m'abstenir dans le vote qui va être émis sur ce projet.

M. Bastin déclare que le Gouvernement Grand-Ducal examinera le projet de convention avec le ferme désir d'aboutir.

M. Bachke déclare n'avoir pas d'observations spéciales à présenter. Il se réfère toutefois aux réserves formulées en séance de commission au sujet des articles 12 et 14 et consignées dans le rapport de M. Alphand.

MM. Hanssen, Blankenberg, Argetoyano et de Witte déclarent n'avoir pas d'observations à présenter.

M. Lardy déclare n'avoir ni observations ni réserves à présenter. Il espère que son Gouvernement acceptera la Convention projetée.

Il demande, en outre, qu'en raison des commentaires présentés par M. Mirman à l'appui des réserves du Gouvernement français, les diverses Délégations aient la faculté de faire insérer en annexe au procès-verbal de la présente séance les observations qu'elles ont présentées au sein de la commission ou de la sous-commission afin de leur assurer la même publicité qu'aux commentaires de M. Mirman. (Voir l'annexe n° 1).

Il demande en outre dans le même but, qu'à la fin du Protocole on mentionne l'envoi aux divers Gouvernements non seulement du texte des rapports des deux Commissions mais aussi du texte des procès-verbaux des trois séances plénières.

Il en est ainsi décidé.

M. van Overbegh demande à répondre aux observations de M. Mirman et s'exprime en ces termes :

La déclaration de la Délégation française ne se contente pas, comme celle des autres Délégations, d'exposer simplement les réserves du Gouvernement français sur le texte de la Convention, qui a été voté et arrêté par la Conférence. M. Mirman vient de faire, en outre, un long et d'ailleurs remarquable exposé des motifs théoriques de ces réserves, par la double raison que le débat théorique qui eut lieu en Commission ne figure ni dans le rapport de M. Alphand, ni dans une pièce quelconque imprimée des travaux de la Conférence.

Or, c'est à l'unanimité que les membres de la Sous-Commission avaient exprimé le désir à M. Alphand de ne pas voir reproduire dans son Rapport la discussion théorique : celle-ci aurait occupé une place trop considérable dans ce rapport, puisqu'elle prit deux séances entières de commission; elle l'aurait allongé et alourdi sans utilité; l'essentiel n'est-ce pas le texte de la Convention et le commentaire de ses articles, peu importe le mobile théorique auquel ont obéi chacun des membres de la Conférence et chacun des Gouvernements représentés?

A la séance de la Commission d'assistance publique, aucune voix ne s'éleva pour réclamer la revision de cette décision de la Sous-Commission, ou l'insertion des considérations théoriques dans le Rapport général.

Nous avions donc le droit de penser qu'il ne serait plus question de théories.

Voici que maintenant, en séance plénière de la Conférence, M. Mirman, sans prévenir ses collègues, introduit un exposé complet de son point de vue théorique et ce, comme exposé des motifs des réserves de la Délégation française.

Si les autres Délégations laissaient cet exposé théorique sans la moindre réponse, les Gouvernements auxquels le procès-verbal de cette séance sera remis s'étonneraient à bon droit que leurs délégués n'auraient pas opposé au moins l'esquisse des motifs théoriques qui justifient soit les projets de leur Délégation, soit l'adoption de la Convention.

Or, Messieurs, chacun de vous se souvient des deux longues séances que la Commission de l'Assistance publique consacra au débat théorique, où les adversaires de la thèse soutenue par M. Mirman, se trouvèrent unanimes pour appuyer les arguments fondamentaux qui prévalurent au Congrès international de Copenhague et justifièrent ses décisions d'entente qui menèrent à la Conférence diplomatique de Paris.

Puisque plusieurs des Délégations, groupées de ce côté de la table, viennent en hâte de me faire l'honneur de me demander de reproduire sommairement sous une forme ou sous une autre l'argumentation opposée à celle de M. Mirman et qui est celle de la plupart d'entre nous, ainsi qu'il résulte de nos échanges de vues antérieurs, je me rends à cette invitation, demandant respectueusement à la Conférence de pardonner aux faiblesses d'une improvisation hâtive, imposée par la circonstance exceptionnelle que je viens de décrire et que nous subissons.

« La Délégation belge,

« Considérant que les réponses officielles faites au questionnaire du Gouvernement français confirment en tous points les conclusions de l'enquête du *Bureau international de l'assistance aux étrangers*, qui précéda le Congrès international de Copenhague et servit de base à ses résolutions fondamentales, à savoir : la pratique *actuelle* de la presqu'unanimité des États d'assimiler l'indigent étranger au national dans tous les cas, avec comme correctif l'usage restreint du rapatriement et de son corollaire éventuel le remboursement notamment, dans les cas d'indigence dite permanente, lorsque l'intérêt de l'indigent ou celui de la bonne administration l'exige;

« Considérant que les nombreux *Accords* spéciaux entre États sont basés sur ces principes, qu'on peut considérer comme le niveau de la Civilisation en ces matières.

« Considérant qu'une pareille pratique d'assistance aux étrangers, sans remboursement sauf dans des cas exceptionnels, est conforme aux conclusions les plus certaines de la *Science économique*, qui reconnaît la richesse qu'en règle générale le travailleur étranger apporte à l'État de la résidence, si bien que le coût de son indigence éventuelle n'apparaît plus que comme la rançon normale du profit qu'il procure;

« Considérant que ce n'est que tout à fait exceptionnellement, dans nos pays d'Europe, qu'un étranger tombe à la charge de l'Assistance publique de l'État de la résidence dans les premiers temps de son séjour et que l'observation sociale confirme que la grande majorité des indigents secourus jouissent d'un séjour suffisant et même relativement considérable, qui justifie économiquement le non-remboursement des cas d'indigence momentanée;

« Considérant que cette pratique de non-remboursement est conforme aux principes du *Droit*, qui, ainsi que l'a prouvé le chef de la délégation italienne, dominent les querelles d'école, sous les noms d'« *actio de in rem verso* » et d'« *actio negotiorum gestorum* »; qu'ainsi la responsabilité de l'État de la résidence s'établit juridiquement, spécialement dans les pays où le caractère malsain du territoire ou les circonstances sociales sont cause, par exemple, des maladies qu'il faudra soigner;

« Considérant que cette pratique de non-remboursement, sauf dans des cas exceptionnels, est conforme en tous points, ainsi que l'a prouvé la délégation autrichienne, aux exigences d'une *Politique patriotique* bien comprise, l'État d'origine concluant l'accord dans le but d'assurer à ses ressortissants à l'étranger un traitement convenable en cas de malheur, à base du reste de réciprocité, ce qui assure à l'État de résidence un avantage du même ordre;

« Considérant, comme il a été prouvé au Congrès de Copenhague, qu'il est plus *littéraire* que juridique l'argument de la famille nationale qui serait responsable comme la famille naturelle et civile du paiement des frais avancés par l'État de la résidence, et que, en plaçant cette métaphore sur le terrain qui lui convient, il y aurait lieu de la pousser jusqu'à la famille des nations et même jusqu'à la famille humaine : ce qui lui ôte toute pertinence dans le cas d'une Convention entre États, à base de réciprocité, comme celle-ci;

« Considérant que les *difficultés administratives* qui résulteraient de l'application entre États du principe du remboursement dans les cas d'Assistance temporaire même limités à des délais supérieurs à 10 ou à 15 jours de secours, seraient presque insurmontables; non seulement cette procédure nécessiterait une correspondance disproportionnée avec l'importance infime des innombrables affaires, non seulement elle coûterait bien plus qu'elle ne rapporterait, mais elle multiplierait les possibilités de délapidations, de discussions, de froissements, de conflits peut-être entre États, l'État de la résidence pouvant en somme disposer jusqu'à un certain point des ressources financières de l'État d'origine;

« Considérant qu'une semblable procédure peut, tout au plus, être admise dans les cas relativement peu nombreux d'indigence permanente ou quasi-permanente et encore avec la restriction formelle que l'État de la résidence, dans chaque cas, soit toujours juge du point de savoir s'il entend remplacer le rapatriement par le remboursement et dans quelles conditions;

« Considérant que ces divers arguments économiques, juridiques, politiques, administratifs, prennent une importance de jour en jour plus grande à mesure que la civilisation progresse; que l'État isolé devient un mythe et que l'interpénétration des États s'accentue sans relâche;

« Considérant, ainsi que le démontre le rapport de M. Alphand de la délégation française, que le terme de deux mois est présenté par la Suisse comme une transaction entre divers projets proposés à la Conférence, et notamment entre le système français du remboursement après 10 jours et le système belge du remboursement, corollaire du rapatriement, dans les seuls cas spécifiés d'indigence permanente;

« Considérant que ce terme de deux mois fut abaissé à 45 jours, dans l'esprit d'un nouveau rapprochement vers le terme français remonté dans l'intervalle, soit à 15 jours dans tous les cas, soit à un mois dans les cas nombreux de la résidence d'un an;

« Considérant qu'ainsi l'argument financier de la thèse française perd la plus grande partie de sa valeur, puisque même d'après les statistiques posées par M. Mirman à la base de son argumentation, la durée *moyenne* du secours d'assistance médicale ne dépasse pas 25 jours dans les services de médecine générale et 21 jours dans ceux de chirurgie; qu'ainsi la différence entre un mois ou 30 jours proposé par la France et les 45 jours proposés maintenant par les autres nations, il n'y a guère qu'une différence peu notable, toutes autres conditions restant égales d'ailleurs dans les deux hypothèses, notamment le délai de la procédure du rapatriement effectif;

« Considérant que le terme de 45 jours n'est pas arbitraire, mais fixé par la nature des choses puisqu'il correspond en fait à la période d'évolution normale de la plupart des maladies fiévreuses de caractère « momentané »;

« Pour ces motifs,

« La délégation belge, quoique partisan de la solution la plus généreuse, à base de non-remboursement avec rapatriement éventuel dans des cas déterminés et exceptionnels, déclare se rallier, par mesure de transaction et en vue de permettre l'adhésion de tous les États représentés à la Conférence au texte de la présente Convention, tel qu'il est commenté par le rapport de la Commission d'assistance publique. »

M. le Docteur Jung constate que la majorité de la Conférence est d'accord avec les principes émis par M. Van Overbergh et propose de s'y rallier.

M. Peano demande que la déclaration de M. Van Overbergh soit mise aux voix.

M. Lardy remarque que la Conférence, en entrant dans ces vues, s'engagerait sans utilité dans une discussion de principe. Il craint que la déclaration de M. Van Overbergh ne dépasse la pensée transactionnelle qui a inspiré l'élaboration du projet de Convention. Si la déclaration de M. le Délégué de la Belgique signifie que la Conférence accepte purement et simplement le projet de Convention, M. Lardy l'approuve très volontiers. Si elle a une portée plus lointaine, il aurait le regret de ne pouvoir s'y rallier sur tous les points. Il propose de voter seulement sur les conclusions du rapport et sur le Protocole, étant entendu que les réserves et les déclarations présentées par les divers délégués seront annexées aux procès-verbaux.

M. le Président met aux voix cette proposition qui est adoptée à l'unanimité, ainsi que le protocole lui-même, sous le bénéfice des réserves formulées par quelques délégations.

M. Lardy, au nom de la Commission d'assistance publique, propose que les travaux de la Conférence ne soient pas considérés comme confidentiels, après l'expiration du temps nécessaire pour que les Gouvernements représentés aient la primeur de ces travaux; ces derniers n'ont rien de confidentiels, et il peut y avoir intérêt, au contraire, à ce que l'opinion publique en soit nantie avant la seconde session de la Conférence. (*Assentiment unanime.*)

M. le Président prononce l'allocution suivante :

Messieurs,

Nous voici arrivés au terme de la première étape de nos travaux, étape qui a été féconde et — sur les points les plus importants — décisive.

Nous allons nous séparer pendant quelques semaines pour permettre à nos gouvernements respectifs d'étudier et de mûrir les solutions que nous leurs soumettons avec une respectueuse confiance.

Comme le constate le protocole dont vous venez d'arrêter les termes, l'accord est complet, définitif, scellé entre nous sur certains principes fondamentaux que nous considérons comme intangibles.

Pour le reste, malgré les réserves importantes formulées au nom de quelques-uns des états représentés ici, j'ai le ferme espoir qu'on finira par s'entendre à l'aide de transactions raisonnables et que la conférence de Paris aura l'honneur — en résolvant le problème de l'assistance aux étrangers — d'ajouter une page, une belle et noble page au Code du Droit des gens.

Messieurs, beaucoup d'entre nous vont retourner dans leurs pays : qu'ils veuillent bien leur apporter le salut fraternel de la France dont ils emporteront, je veux le croire, un bon souvenir.

Pour moi, je suis infiniment flatté d'avoir pendant vingt jours, collaboré avec les hommes distingués qui composent cette conférence : je les remercie sincèrement de la bienveillance sympathique qu'ils m'ont témoignée et je suis heureux, Messieurs, en clôturant cette réunion de penser que nous en aurons une seconde et de pouvoir vous dire non pas adieu mais au revoir.

M. LARDY s'exprime ensuite en ces termes :

Permettez moi, mes chers collègues, avant de nous séparer pour quelques semaines, d'exprimer toute notre gratitude à notre Président dont nous avons admiré l'énergie pleine de bonne grâce, la clarté et l'exquise courtoisie ; nous conserverons tous des quelques heures passées sous sa direction le plus agréable souvenir.

Nous prions M. de Villeneuve d'être auprès du Gouvernement de la République française l'interprète de nos sentiments de vive reconnaissance pour l'hospitalité dont nous avons eu le privilège de jouir dans cette grande et noble capitale.

Nous associons chaleureusement nos rapporteurs à notre Président dans l'expression de notre gratitude, et avons tous admiré leur habileté, leur talent et leur puissance de travail.

Nous tenons à remercier également le Secrétariat de son activité et de son zèle dans des circonstances difficiles en raison de l'intensité du travail de nos commissions et sous-commission.

Espérons que notre œuvre n'aura pas été vaine et que nous aurons la grande satisfaction, en ce mois de Noël, d'avoir contribué à préparer quelque chose d'utile et de pratique en vue d'améliorer le sort de ces millions de nos semblables qui vivent sur la terre étrangère.

M. PEANO se fait l'interprète de la Conférence pour remercier M. Lardy et M. le baron Guillaume de l'impartialité et de la bonne grâce avec lesquelles ils ont présidé aux travaux des deux Commissions d'Assistance publique et de Bienfaisance privée.

Il est ensuite procédé à la signature du protocole de clôture (*annexe n° 3 du procès-verbal de la présente séance*).

La séance est levée à sept heures.

ANNEXES N° 1

AU PROCÈS-VERBAL DE LA SÉANCE DU 3 DÉCEMBRE 1912.

OBSERVATIONS DES DÉLÉGUÉS

FORMULÉES

DEVANT LA COMMISSION D'ASSISTANCE PUBLIQUE.

OBSERVATIONS DE M. LE BARON D'EICHHOFF (AUTRICHE).

L'Autriche ayant proposé une Convention sur la base du « non-remboursement » jusqu'à rapatriement, il est de mon devoir de protester respectueusement mais avec la plus grande énergie contre l'assertion mise en avant par M. Mirman que ce système impliquerait l'idée que le lien entre la patrie et son ressortissant ne serait pas maintenu intégralement, voire même qu'il serait rompu.

Le Gouvernement autrichien, en faisant ladite proposition, n'a pas manqué à ses devoirs les plus élémentaires au point de ne plus tenir compte des liens sacrés qui nous rattachent à notre patrie et d'énoncer un principe qu'il considère, avec vous tous, comme malsain et profondément répréhensible.

En vous proposant de rendre général un arrangement déjà en vigueur entre plusieurs États, mais en faveur de leurs ressortissants respectifs seulement, le Gouvernement autrichien est au contraire convaincu que les liens patriotiques d'affection et de gratitude seront d'autant plus fermes que nous nous sentons davantage entourés et protégés même à l'étranger par la sollicitude de notre mère patrie. Cette sollicitude nous assure assistance, secours et soins; est-elle plus efficace si les frais d'assistance sont remboursés que si l'indemnisation se fait par l'octroi gratuit des mêmes secours et soins accordés réciproquement aux sujets de l'autre pays en question?

Évidemment non! C'est même, d'après nos expériences, tout le contraire qui se produit. L'assistance est assurée par la patrie mieux et d'une façon plus efficace par le moyen de traités stipulant le « non-remboursement », dans la mesure où nous le proposons. L'Autriche qui actuellement pratique le remboursement vis-à-vis de quelques États, le non-remboursement vis-à-vis de certains autres, peut faire valoir ses expériences à ce sujet et ne saurait, dans l'intérêt des indigents, recommander de poursuivre le premier de ces systèmes.

Avant d'en venir à ce qui est pour nous l'argument essentiel — la paperasse — je dois signaler quelques autres ordres de raisons qu'on ne peut pas laisser de côté :

Il existe, chacun le sait, actuellement entre plusieurs Puissances des traités formels, en vertu desquels on ne rembourse pas; c'est le cas entre la Hollande et l'Argentine, l'Autriche et l'Italie, l'Allemagne et la Suisse, etc. Ces traités ont surtout été conclus en vue de l'afflux particulièrement intense de population entre les États en question. Je ne crois pas, et j'ai même des raisons de croire le contraire que tous ces États seraient d'accord pour rétablir le système du remboursement. Le projet français lui-même admet la possibilité d'accords spéciaux dans le sens de la suppression du remboursement; il s'en suivrait alors un état de choses en vertu duquel le remboursement serait assuré pour des étrangers de certaines nationalités, il serait refusé pour les ressortissants d'autres États. Quelle serait alors la raison d'être d'une Convention internationale, si elle ne peut être maintenue entre les États dont les relations sont les plus suivies? Cette question s'impose d'autant plus à nous que les rapports entre les différents États sont loin de se ralentir.

Une autre raison, d'ordre humanitaire, résulte de l'expérience faite que les États et même les organisations autonomes, tenus à rembourser les frais d'assistance, ont tout intérêt d'exiger le rapatriement aussitôt que possible; ils refusent même le remboursement ultérieur si le rapatriement n'a pas été effectué sans retard après que la demande fut parvenue à l'organe compétent du lieu de l'assistance. C'est ainsi que le système du remboursement paraît entraîner, de la part des organes de l'État d'origine des demandes de rapatriement, dans lesquelles il ne peut être tenu compte des dangers d'un transport du malade, et d'autre part, peut-être trop pressés par le désir d'assurer le remboursement aux fonds publics, et une place dans l'établissement aux malheureux.

Mais les raisons essentielles sont celles qui se basent sur les inévitables difficultés de procédures : Messieurs, c'est un fait que vous tous avez bien pu constater dans la pratique que même, de la part des États remboursant, il est excessivement difficile d'obtenir les remboursements. Cela tient, surtout et en premier lieu, aux difficultés qu'il y a à établir la nationalité et le domicile légal de l'assisté. Il arrive très souvent que sur la demande de remboursement, tout d'abord, la nationalité de l'indigent est révoquée en doute. Cette nationalité une fois établie, il s'agit de procéder à l'enquête sur le domicile légal; ceci est assez simple dans les États qui, comme la France et l'Allemagne, ont adopté le système du « Domicile de secours » qu'on obtient après un séjour d'une durée relativement courte; mais dans les pays qui reconnaissent encore le principe de la « commune d'origine », il faut souvent remonter au grand-père, à l'arrière grand-père de l'indigent en question; alors : décision de l'autorité administrative sur le domicile légal dans une commune, recours de la commune au gouvernement du pays, au Ministère, pourvoi devant le Conseil d'État, etc.

La nationalité et le domicile de secours établis, il s'agit du montant des frais d'assistance, de la preuve à faire que tel médicament fut nécessaire, que tel appareil thérapeutique n'aurait pu être acheté à un prix plus modéré, prix en usage, peut-être, dans le pays remboursant. Sur de telles et autres questions, des dossiers et des dossiers s'amassent et toute cette activité qui se perd dans le rouage de la machine bureaucratique, pourrait être, d'une manière féconde, utilisée à concentrer et à exploiter les différentes forces agissant dans un but humanitaire. Il y aurait, nous le savons tous, tant de bonne et urgente besogne à faire sur le terrain de l'assistance aux misérables, qu'il paraît presqu'un outrage aux idées qui nous inspirent ici que de gaspiller le temps coûteux avec des correspondances diplomatiques sur le prix d'un bandage herniaire ou de telles bagatelles.

Non, Messieurs, l'assistance humanitaire est trop importante pour qu'on puisse permettre que des difficultés de procédure bureaucratique y portent atteinte; et les institutions des différents États sont trop différentes pour qu'on ait pu arriver à amoindrir ou à supprimer les dites difficultés.

Voilà, Messieurs, à peu près les raisons pour lesquelles, on ne peut le méconnaître, l'évolution moderne du droit international tend à la suppression du remboursement.

Voilà pourquoi aussi beaucoup d'États représentés ici ont cru de leur devoir de créer, par des conventions supprimant le remboursement, des conditions plus favorables à leurs ressortissants à l'étranger et de resserrer par cette sollicitude même les liens qui les unissent à leur mère patrie.

Mais que l'on combatte ou que l'on soutienne l'une ou l'autre thèse en se basant sur des expériences et des considérations d'ordre pratique, c'est, vous l'avouerez, Messieurs, plutôt de notre côté que se trouvent les arguments d'humanité et de patriotisme si tant est qu'on les veuille invoquer.

Telles sont les raisons qui ont inspiré la proposition autrichienne.

OBSERVATIONS DE M. PEANO (ITALIE).

A l'argument produit par M. Mirman et basé sur l'assimilation de la famille à la famille naturelle, on peut répondre par l'exemple de la famille romaine, qui comprenait dans sa conception aussi les laboureurs, les esclaves et qui donnait contre le *pater familias* qui ne soignait pas ses laboureurs *l'actio de in rem verso* et mieux encore *l'actio negotiorum gestorum* pour pouvoir obtenir le remboursement des frais en faveur de celui qui avait soutenu les dépenses pour soigner ces laboureurs s'ils tombaient malades, même s'ils mouraient.

L'obligation du père de famille romain comme à présent l'obligation du pays de résidence a sa raison dans le principe de justice que *ubi sunt commoda et ibi incommoda esse defent*. Le pays qui profite du travail de l'étranger est obligé de soutenir les frais de l'assistance s'il tombe malade ou dans l'indigence. Et pour se décharger de cette obligation on ne peut pas dire que, peut-être, il s'agit d'un voyageur qui arrive la veille, ou d'un étranger qui passe la frontière afin de bénéficier de l'assistance — ces cas sont tout à fait exceptionnels — ne sont pas des voyageurs les milliers et milliers d'ouvriers, qui travaillent dans les pays étrangers et les lois ne doivent pas s'occuper des cas exceptionnels, mais des cas habituels.

Pour justifier la responsabilité de l'État de résidence, il y a encore des autres bien graves arguments d'ordre sanitaire. Souvent les ouvriers doivent aller dans des pays malsains où, peut-être, il y a la malaria ou de l'eau dangereuse ou dans des pays, dont les conditions de climat ne sont pas convenables à la santé de l'ouvrier. Or, il serait injuste que le pays d'origine, qui donne ses ouvriers pour accomplir des grands travaux publics, qui avantagent le pays de résidence, dût encore soutenir les frais pour les soigner s'ils tombent malades. Par exemple souvenons-nous de l'isthme de Panama. Il faut encore observer que les ouvriers étrangers qui ne sont pas qualifiés, doivent en général accomplir les travaux plus lourds, plus malsains et conséquemment ils sont plus sujets que les autres aux maladies.

M. Peano ajoute encore qu'il est très difficile d'établir un délai de temps pour acquérir le domicile de secours, car il y a l'émigration temporaire et les ouvriers se trouvent pendant six mois dans le pays d'origine et pendant six mois dans le pays de résidence. D'ailleurs, si l'émigration peut être utile aux pays d'origine, aujourd'hui l'Italie, par son développement économique et colonial, n'a pas d'intérêt à la favoriser. L'Italie a pu sans danger suspendre l'émigration vers l'Argentine, qui est très nombreuse, pendant plus d'une année, quoique contemporainement fassent retour en Italie les expulsés de la Turquie.

Enfin il n'est pas convaincu des difficultés rencontrées par l'assistance sans remboursement; l'exemple de la législation en Italie était à ce sujet rassurant. En effet, par l'article 77 de la loi du 17 juillet 1890, l'État, sans jamais demander des remboursements, paye aux hôpitaux les frais d'assistance pour les étrangers, qui pourtant sont largement secourus.

La pratique, les raisons d'ordre économique sanitaire, les principes de justice exigent donc que les frais d'assistance temporaire soient à charge du pays de résidence, restant à charge du pays d'origine seulement les dépenses pour l'assistance permanente.

OBSERVATIONS DE M. LARDY (SUISSE).

Par ses traités et par sa pratique avec la France, la Suisse appartient au groupe austro-germano-italo-belge. Elle n'a donc aucune hostilité contre les solutions préconisées par ce groupe, mais elle ne peut pas s'empêcher de constater qu'il existe en Suisse une proportion d'étrangers établis extrêmement forte, un sur dix habitants. La pratique actuelle coûte à la Suisse, pour l'assistance médicale, 800,000 francs par an, et pour les assistances dites de longue durée au moins 200,000 francs, non compris tout ce que fait l'assistance privée qui est très développée, grâce à la liberté complète d'association et au goût de l'association du peuple suisse.

D'autre part, le peuple suisse émigre dans d'assez fortes proportions; M. Mirman a fait observer avec raison qu'il y avait à peu près égalité entre les colonies respectives française et suisse, 70,000 de part et d'autre. Nous sommes donc dans une situation relativement impartiale, créanciers ici, débiteurs là, pour le moment. Et cela nous engage à chercher des suggestions permettant de tenter de mettre d'accord les deux groupements principaux qui se partagent la Conférence, de rechercher s'il n'existe pas des combinaisons équitables entre les *intérêts* contraires.

Au groupe qui ne veut pas de remboursement, la Suisse se permet de faire observer qu'elle ne lui demande pas un louis de plus que ce qu'il dépense actuellement ou que ce qu'il propose. — Ou tout au moins pas un louis de plus qu'il ne lui conviendra de payer. — Répondez dans les deux mois; cela dépend de vous. Il se traite chaque jour à lettre vue des affaires pour des centaines de millions; les États peuvent et doivent s'arranger pour répondre dans un délai maximum de deux mois. La preuve que cela est possible, c'est qu'entre la Suisse et certains de ses voisins, presque toutes les affaires d'assistance se liquident en dix jours, et, en cas de contestation sur la nationalité, en un mois.

Au point de vue humanitaire, la garantie contre les renvois d'indigents à la légère se trouve dans les frais de rapatriement laissés, dans notre système comme dans le vôtre, à la charge du pays de la résidence. Au point de vue pratique, le délai de deux mois vous garantit contre le trop grand nombre de demandes et dans votre système comme dans le nôtre, vous êtes obligés de vous en rapporter au pays de la résidence pour l'appréciation de la durée probable de l'assistance. La seule innovation de notre système, c'est une sorte de clause pénale moratoire contre les États qui laissent leurs nationaux à la charge d'un Gouvernement étranger au delà du temps maximum raisonnable pour contrôler la nationalité; c'est une garantie qu'il n'est vraiment pas exagéré de donner aux États qui ont un excès d'étrangers sur leur territoire. En passant, je reconnaîtrai avec M. Preato qu'il peut avoir raison de soutenir qu'un pays malsain qui fait venir des travailleurs étrangers doit les soigner à ses frais, mais il est équitable de constater aussi que si certains pays exportent dans le monde des milliers de travailleurs, c'est que ceux-ci ne trouvent pas toujours à employer leurs bras dans leur Patrie et que celle-ci recueille parfois des avantages inappréciables de cette exportation du travail. Les changes sur l'Italie se sont retournés à son profit grâce aux travailleurs italiens, et, sauf erreur, la poste suisse redoit chaque mois un million à l'Italie pour la seule balance des mandats de poste consignés par les ouvriers italiens qui travaillent en Suisse. Nous croyons qu'il n'est vraiment pas exagéré de demander à nos Collègues du groupe dont il s'agit et dont nous faisons nous-mêmes partie en fait, de consentir simplement à répondre dans les deux mois aux demandes de rapatriement; s'ils le font, notre système ne leur coûtera rien et ils rendent peut-être possible un accord avec les États partisans du remboursement.

Il ne faut pas pousser dans leurs derniers retranchements les États qui reçoivent sur leur territoire beaucoup plus d'étrangers qu'ils n'exportent de nationaux; il faut être équitables et se dire qu'ils pourraient être contraints par l'opinion publique, dans des pays démocratiques où les questions électorales jouent un rôle prépondérant, à des résolutions extrêmes. Sans parler des lois ouvrières, les deux dernières lois françaises sur l'assistance médicale et sur l'assistance aux vieillards et invalides ne visent que les Français et, si elles prévoient des conventions de réciprocité, aucune de ces conventions n'a été conclue jusqu'ici. Au Conseil supérieur de l'assistance publique, on paraît par moments assez fier de ce « splendide isolement » et on donne à entendre, semble-t-il, qu'on pourrait se contenter d'accorder aux associations étrangères de bienfaisance la faculté de recevoir des dons et legs et les laisser alors subvenir à l'assistance de leurs compatriotes. Ce courant n'a pas encore gagné la majorité; il n'exprime pas l'opinion de nos collègues français, mais il me sera permis de constater qu'il existe et qu'il se trouve très brillamment représenté et soutenu dans cette salle, sous une forme atténuée sans doute, mais qui a trouvé une formule dans le projet de la Délégation française. Encore une fois, le groupe adversaire absolu du remboursement a le devoir de ne pas exagérer sa thèse et de ne pas pousser le camp opposé à des résolutions extrêmes.

Je me tourne maintenant vers nos collègues français et me permets de leur faire observer, avec toute l'amitié et le désir d'aboutir qui m'animent : nous comprenons les difficultés de votre situation, difficultés budgétaires, difficultés électorales. Nous comprenons fort bien qu'avec vos grandes villes, Paris, Lyon, Marseille avec ses 100,000 Italiens, les départements du Nord où habitent deux ou trois cent mille Belges, avec les 100,000 Espagnols de la province d'Oran, vous soyiez en présence de charges très lourdes, accablantes même. Sans vouloir développer des conditions d'ordre économique, il est difficile de ne pas faire ressortir le fait que le Français, qui jouit en moyenne d'une aisance plus grande que ses voisins, qui est volontiers ouvrier d'art, qui aime les produits soignés, répugne souvent à exercer certaines professions qu'il considère comme peu dignes de lui; le même phénomène se produit dans certaines régions de la Suisse. Qu'en résulte-t-il? L'attraction, par endosmose, d'ouvriers étrangers qui viennent combler les vides, surtout dans les pays dont la population est stationnaire. Que deviendrait l'industrie marseillaise de la savonnerie sans les ouvriers italiens? Que deviendraient, sans les ouvriers belges, les raffineries et autres usines du Nord, sans parler des saisonniers sur lesquels compte le Nord de la France pour la moisson, la récolte de la betterave? Il est équitable, il est inévitable que le pays de la résidence assume certains des risques de l'assistance pour ces catégories d'indigents, assume les risques momentanés jusqu'au rapatriement si l'assistance paraît devoir se prolonger. La France, dans la combinaison proposée, demeure seule juge; c'est elle qui décide si l'assistance paraît devoir être d'une certaine durée; il dépendra d'elle, dès le premier jour, de décider de réclamer le rapatriement. Elle accepte le système du rapatriement; il n'y a rien là qui change ses principes. Nos collègues français doivent comprendre qu'à leur tour, ils tendent trop la corde en prétendant au remboursement dès le dixième jour, puisque le pays d'origine n'aura pas été averti, n'aura pas pu l'être, et qu'elle se décharge ainsi d'un devoir humanitaire sur un tiers qui n'a pas pu être mis en demeure et prendre ses mesures. On n'impose pas à un débiteur des intérêts de retard pour une dette qu'il ignore et sur laquelle il n'a pu s'expliquer. Le délai de deux mois tient largement compte des besoins des États à forte immigration. Il répond en particulier à la pratique administrative française; M. Mirman ne me contredira pas si je rappelle qu'en fait, pour les rapatriements demandés au Gouvernement français, il s'écoule généralement deux mois avant qu'il réponde, et, le plus souvent, il ajoute à ces deux mois un autre délai de trois semaines à partir du jour où le rapatriement est consenti. Il est équitable que la France soit traitée par les autres au moins comme elle les traite elle-même. La transaction proposée n'impose pas à la France des sacrifices disproportionnés avec les services que lui rendent les colonies étrangères; le délai de deux mois, il dépend d'elle de le rendre toujours effectif et de supprimer tout remboursement en répondant dans le délai.

Enfin, elle doit comprendre qu'en s'isolant dans le concert continental européen, elle se créerait une situation vraiment difficile; l'État de résidence ne peut pas, en fait, recevoir le travail étranger et ne pas supporter même les charges temporaires pendant le délai indispensable pour prévenir le pays d'origine.

M. Mirman a déclaré que le délai de 10 jours inscrit dans les propositions françaises n'était pas intangible. J'ose faire à nos collègues français le plus pressant appel pour qu'ils acceptent de le porter à deux mois parce que ces deux mois paraissent constituer la seule base possible, et encore, d'une transaction avec les États se ralliant à l'autre conception. — En fait, j'ai la conviction que ce délai est inévitable; or, *en affaires,* ce qui est inévitable, ce qui répond à la nature des choses, ne doit pas être repoussé.

Le projet suisse contient diverses dispositions de détail sur lesquelles il y aurait lieu de revenir plus tard si la transmission désirée pouvait intervenir. — Dès maintenant, je tiens à dire que, dans les cas où l'indigent est intransportable, nous serons disposés au besoin à transiger sur le principe que la charge demeure à l'État de la résidence; c'est un cas fort rare et peu important avec les facilités actuelles de transport et le matériel perfectionné dont les administrations de chemins de fer disposent.

En résumé, aux adversaires du remboursement, je me permets de faire observer que la transaction proposée ne leur coûtera pas un centime s'ils prennent la peine de répondre dans les deux mois, ce qui est possible et facile. Aux partisans du remboursement je dirai qu'ils ne peuvent imposer à un gouvernement étranger des charges dont celui-ci n'a pas connaissance, et qu'en consentant au délai indispensable pour l'envoi d'un avis et la réception d'une réponse, ils remplissent un devoir international de courtoisie qui réduit vraiment les charges au minimum raisonnable de ce qui peut incomber à l'État de la résidence. »

ANNEXE N° 2

AU PROCÈS-VERBAL DE LA SÉANCE DU 3 DÉCEMBRE 1912.

RAPPORT

PRÉSENTÉ

AU NOM DE LA COMMISSION D'ASSISTANCE PUBLIQUE

PAR M. ALPHAND,

DÉLÉGUÉ DE FRANCE.

MESSIEURS,

Votre Commission a été particulièrement heureuse de constater, dès le début de ses travaux, l'unanimité des vues des Puissances représentées à la Conférence sur trois principes fondamentaux de la question soumise à vos délibérations.

Nous sommes unanimes à penser qu'il est désirable que, pendant toute la durée du séjour, aucune différence ne doit exister entre le national et l'étranger en ce qui concerne l'octroi de l'assistance aux indigents. Allant plus loin dans la voie humanitaire que les Congrès avaient tracée, plus loin que les Congrès de Genève, de Paris et de Milan qui n'avaient envisagé, dans leurs résolutions, que l'assistance aux malades indigents, votre Commission, prenant pour base les résolutions du Congrès de Copenhague, vous propose d'examiner la question dans toute son ampleur, de tendre vers l'assimilation au national du malheureux étranger quelle que soit la cause de sa misère : abandon, maladie, chômage, vieillesse ou aliénation mentale. Repoussant l'idée de rechercher une réciprocité exacte, impossible à trouver à raison de la diversité des législations d'assistance, nous voudrions que l'étranger fût secouru comme le national, quand bien même il n'eût pas rencontré dans son propre pays une parfaite égalité de traitement.

A l'unanimité également, votre Commission vous propose d'accepter, dans l'état actuel des choses, le principe d'après lequel le pays d'origine (1) et le pays de rési-

(1) Le Projet de Convention emploie fréquemment l'expression « pays d'origine » opposée à « pays de résidence ». Cette expression est employée couramment dans de nombreux traités et il a semblé nécessaire d'en préciser le sens dans le rapport. Il s'agit évidemment du pays auquel l'indigent peut être renvoyé, c'est-à-dire, sauf le cas exceptionnel visé à l'article 12, le pays dont l'indigent possède la nationalité. Cette idée est indiquée à l'article 3, alinéa 2.

dence doivent contribuer l'un et l'autre aux frais de cette assistance, le pays d'origine devant supporter la majeure partie de ces charges lorsque cette assistance doit être permanente, et le pays de résidence devant assumer la totalité ou une part importante des dépenses lorsque l'assistance est momentanée.

Une unanimité aussi désirable n'a malheureusement pas pu être constatée lorsqu'il s'est agi de déterminer, dans les cas d'assistance temporaire, le moment où cesse la responsabilité du pays de résidence. Les uns croient qu'elle doit durer tant que l'indigent n'est pas rapatrié; les autres, qu'elle cesse après un laps de temps relativement court et qu'à l'expiration de ce délai le pays d'origine est tenu de rembourser les frais. Certaines délégations enfin se déclaraient prêtes, quoique attachées au premier système, à rechercher un terrain de transaction.

Les raisons de l'attitude des diverses délégations dans cette importante question ont fait l'objet d'une discussion théorique des plus intéressantes. Votre Commission a pris acte de cette discussion, mais n'a pas cru devoir se prononcer dans ce débat théorique, préférant rechercher les transactions susceptibles de concilier les thèses contraires.

Votre Commission s'est trouvée à ce sujet saisie d'avant-projets de Conventions déposés par les Délégations allemande, autrichienne, belge et française qui figurent en annexe au présent rapport.

Tous ces projets, s'inspirant du principe visé au début du rapport, posent nettement l'assimilisation de l'indigent étranger au national et sans remboursement pour les cas d'assistance momentanée.

Seul le projet français définit l'assistance momentanée sans remboursement : une assistance qui ne dure pas plus de dix jours.

En ce qui concerne la façon de mettre à la charge du pays d'origine les dépenses de l'assistance non momentanée, différentes solutions étaient proposées Le projet français envisageait comme règle générale le remboursement, le rapatriement étant l'exception. Les autres Délégations préconisaient le principe contraire. La Délégation belge proposait même de limiter le rapatriement avec remboursement éventuel à des catégories déterminées d'indigents dont le caractère de permanence ne pouvait pas être matière à discussion.

Après échange de vues, une proposition transactionnelle a été formulée par la Délégation suisse : On laisserait, en principe, pendant deux mois, au maximum, à la charge du pays de résidence, les frais de l'assistance. Ce n'est qu'après ce délai que la responsabilité du pays d'origine interviendrait.

Dans les cas d'assistance permanente (qui doivent donner lieu à rapatriement) cette proposition peut être considérée comme une sorte de sanction conventionnelle imposée à l'État d'origine qui n'aura pas fait diligence pour répondre à une demande de rapatriement. Dans le cas d'assistance temporaire, elle était présentée comme une satisfaction donnée aux principes défendus par la délégation française en ce qui concerne les besoins d'assistance d'une durée supérieure à soixante jours.

Une Sous-Commission (1) a été chargée d'étudier cette proposition de la délégation suisse et, sur cette base, une possibilité d'entente.

La Sous-Commission a examiné la proposition du Gouvernement danois, appuyée par la délégation norvégienne, tendant à fixer, comme limite, une somme. Lorsque les frais d'assistance auraient été supérieurs à cette somme le remboursement aurait eu lieu. Tout en reconnaissant l'intérêt de cette suggestion, la Sous-Commission ne vous en propose pas l'adoption. Elle juge qu'à raison des différences de prix entre les hospices, les discussions portant sur ces sommes limites pourraient présenter des inconvénients et elle a préféré rechercher du côté du délai la transaction possible.

La Sous-Commission a constaté tout d'abord qu'à l'exception de la Délégation française, les Puissances représentées dans son sein se ralliaient au principe de la proposition suisse.

La Délégation française, malgré le sincère esprit de conciliation dont elle était animée, n'a pu l'accepter. Elle a noté, en effet, que les concessions qui étaient faites à sa thèse étaient purement apparentes; elle a démontré par des documents que la durée moyenne des maladies dites temporaires ou aiguës était très inférieure à soixante jours; que la proposition suisse, en conséquence, dépassait beaucoup trop largement la limite qu'elle croyait devoir assigner à l'assistance temporaire sans remboursement.

Décidée toutefois à tenter un effort vers la conciliation, elle a pu, après avoir pris les instructions de son Gouvernement, apporter les propositions transactionnelles suivantes :

Elle s'est déclarée prête à étendre de dix à quinze jours et sans condition de durée de résidence le délai de dix jours visé dans sa proposition et pendant lequel l'assistance serait donnée sans remboursement.

Se basant sur la moindre responsabilité du pays de résidence à l'égard d'étrangers arrivés depuis peu de temps, elle acceptait de porter à trente jours le délai dont il s'agit pour tout étranger résidant dans un pays depuis au moins un an. Ces deux concessions pouvaient, dans sa pensée, être cumulées. La règle des quinze jours s'appliquerait par exemple aux ouvriers qui vont travailler à l'étranger pendant une saison, et la règle des trente jours aux étrangers établis depuis un an au moins.

Elle consentait à souscrire aux propositions suisses en ce qui concerne l'assistance permanente dont la charge ne pourrait pas incomber pendant plus de deux mois au pays de résidence.

Elle a déclaré que la France serait disposée éventuellement à contracter des accords spéciaux sur toutes ces bases.

Elle entrevoyait, en outre, la possibilité de conclure avec certains pays des traités stipulant le non-remboursement des frais lorsque, par exemple, l'égalité des colonies aurait compensé les dépenses ou que le nombre restreint des cas aurait rendu inutile une tenue de comptabilité.

La Sous-Commission a pris acte de ces déclarations. Les partisans du non-remboursement n'ont pas cru pouvoir y adhérer et, réservant à plus tard, le soin d'exa-

(1) Cette Sous-Commission était composée de MM. Hébrard de Villeneuve (France), Président de la Conférence, Lardy (Suisse), Président de la Commission, le Dr Jung (Allemagne), le baron d'Eichhoff (Autriche), Van Overbergh (Belgique), Mirman (France), Peano (Italie), Hansen (Norvège), de Witte (Russie) et de MM. Brondi (Italie) et Alphand (France), rapporteurs.

miner les moyens de réserver à la France la possibilité de conclure des conventions particulières sur les bases indiquées par la Délégation, en ce qui concerne l'assistance temporaire, elle a décidé d'examiner en détail l'avant-projet présenté par la Délégation de la Suisse, avant-projet qui combine les diverses propositions de conventions élaborées par l'Allemagne, l'Autriche, la Belgique et la France.

Les discussions de la Sous-Commission ont abouti à l'avant-projet, annexé au présent rapport, que nous avons l'honneur de soumettre aux délibérations de la Conférence.

Nous analyserons ci-après l'économie de cet avant-projet de Convention.

*
* *

Votre Commission s'est préoccupée tout d'abord de marquer son intention formelle de régler, par l'assimilation aux nationaux, la question de l'assistance. C'est l'application du principe voté à l'unanimité par la Commission comme par le Congrès de Copenhague et auquel nous avons fait allusion au début du présent rapport. Cette assimilation sera-t-elle complète? Le Projet de Convention établit l'assimilation complète, dans tous les cas. Jusqu'au moment où, dans certaines hypothèses, le rapatriement peut être effectué, l'État de résidence est tenu d'accorder à l'étranger la même assistance qu'à ses ressortissants et cela, sans se préoccuper de savoir s'il bénéficierait des mêmes avantages dans le pays d'origine. Cette absence de réciprocité — nous avons déjà noté cette curieuse innovation en matière internationale — explicable par les divergences de législation, est exorbitante du droit commun et certaines délégations — notamment la délégation allemande — se sont préoccupées des conséquences de ce principe poussé à l'extrême. On peut concevoir qu'un pays n'a organisé sur son territoire aucune assistance publique, même pour ses nationaux. Souscrivant à la Convention il exigera des pays où les secours publics sont obligatoires, le bénéfice, pour ses ressortissants, de toutes ces lois bienfaisantes. Sans doute, dans plusieurs pays, cette assistance est accordée aux étrangers par la loi nationale elle-même, mais ces pays n'ont pas renoncé, par ces dispositions législatives unilatérales, à exercer sur les États où l'assistance publique est nulle, une pression diplomatique pour les engager dans la voie du progrès, pression dont la Convention lui enlèverait peut-être le moyen. La délégation allemande avait pensé imposer à tous les États signataires un minimum d'assistance et proposé la disposition suivante: « L'assistance prévue par la Convention comprendra, pour le moins, le logis, la nourriture indispensable; en outre, pour les maladies et les femmes en couche, les soins nécessaires et le traitement médical et, en cas de décès, une sépulture décente ». La délégation allemande a déclaré que son Gouvernement considérait comme essentielle l'insertion de cette clause dans la Convention. Cette insertion aurait pour but de faire garantir par les États contractants aux indigents allemands se trouvant à l'étranger une assistance analogue à celle qu'elle offre aux étrangers sur son territoire.

La majorité de votre Commission a estimé que ce texte pourrait être une source de difficultés, l'occasion d'une ingérence peu supportable des États étrangers dans les législations internes. En outre, une formule aussi détaillée aurait pu gêner même des États où l'assistance publique est fortement organisée, mais dont la législation n'impose pas, à l'heure actuelle, l'obligation aussi précise d'accorder ce minimum dans tous les cas d'assistance. Nous avons pourtant pensé qu'il convenait de tenir compte de l'idée intéressante qui inspirait la proposition allemande et que cette idée, comme celle de l'assimilation aux nationaux, devait prendre place dans le préambule de la Convention. Elle y apparaît comme une preuve de l'esprit humanitaire dans lequel est conçu l'acte diplomatique. Enfin, c'est la même préoccupation qui inspirera votre Commission quand elle vous proposera (art. 21) de subordonner l'adhésion des puissances contractantes à une acceptation unanime. Cette approbation pourra n'être donnée qu'après l'examen des lois du pays adhérent et chacun pourra examiner si ces lois accordent aux nationaux « l'assistance efficace et satisfaisante » à laquelle il est fait allusion dans notre préambule, qui serait ainsi conçu :

Les Souverains, Chefs d'État et Gouvernements des Puissances ci-après désignées et représentées à une Conférence qui s'est réunie à Paris du 16 novembre au

Également désireux d'assurer, sur la base de l'assimilation aux nationaux, une assistance efficace et satisfaisante à leurs ressortissants indigents à l'étranger, ont résolu de conclure une Convention à cet effet et ont, en conséquence, désigné leurs Plénipotentiaires qui sont convenus des dispositions ci-après :

*
* *

Le premier article de l'Avant-projet de Convention pose nettement l'assimilation aux nationaux en ce qui concerne l'assistance.

Aucune définition n'est donnée de l'*assistance;* les discussions des divers Congrès et les précédents créés par les relations internationales existantes sur la matière ont paru suffisants pour éviter toute difficulté sur cette notion. Les lois d'assistance — ceci est compris sans contestation — ont pour objet de subvenir aux besoins nés et actuels des indigents — cette précision les différencie des lois relatives à la prévoyance, que la Conférence laisse délibérément, pour le moment, en dehors de ses travaux — aux besoins nés en dehors de tout contrat de travail — et ceci élimine toutes les questions relatives aux accidents du travail et aux maladies professionnelles qui sont ou seront réglées par des conventions différentes.

La notion de l'assistance étant bien nette, votre Commission a eu à faire choix entre les propositions belge et française qui consacraient l'assimilation aux nationaux sans distinguer entre les causes d'indigence et la proposition autrichienne qui visait successivement les indigents malades et les indigents valides, distinction qui peut-être admise surtout par les pays, comme la France, dont l'assistance est obligatoire ou facultative dans l'un ou l'autre cas.

Il n'y aurait eu sans doute aucun inconvénient à viser dans une seule formule ces deux modalités de l'indigence, mais la délégation autrichienne a insisté sur cette division. Elle a noté que l'introduction, dans le droit conventionnel, de l'assistance aux valides indigents était nouvelle pour plusieurs pays, que cette question n'avait pas été envisagée dans les Congrès et qu'il convenait de marquer le progrès accompli. Votre Commission n'a pas eu de peine à se rallier à cette manière de voir. D'ailleurs dans les deux hypothèses, la solution proposée est identique :

C'est l'assimilation absolue de l'étranger au national. En conséquence, lorsqu'un ressortissant d'un des États contractants se trouvera, sur le territoire d'un autre État contractant, dans une situation telle qu'un ressortissant de cet État bénéficierait des lois et règlements en vigueur, sur l'assistance il jouira, jusqu'au moment du rapatriement éventuel, du bénéfice de ces lois et règlements dans la même mesure et de la même façon. Aucune autre enquête préalable ne sera faite, aucun engagement ne sera exigé; l'assistance sera obligatoire pour l'étranger toutes les fois qu'elle le sera pour le national et l'étranger aura à sa disposition les mêmes moyens de droit destinés à sanctionner cette obligation. L'étranger aura droit aux mêmes modes d'assistance, il recevra notamment les mêmes secours en argent ou en nature, la même hospitalisation dans des conditions identiques, les mêmes soins médicaux à domicile, les mêmes placements familiaux que les nationaux et cela, quelle que soit la cause du besoin d'assistance. La délégation allemande avait proposé que l'on visât expressément les cas d'*assistance indirecte* et demandé, à ce sujet, l'insertion d'un texte ainsi conçu : Seront également assistés l'épouse et les enfants mineurs de l'indigent, en tant que, au moment de l'indigence, ils vivent en commun avec lui et sous le même toit et qu'ils soient incapables de se procurer les moyens d'existence indispensables dans le lieu de leur séjour.

On a fait remarquer que la notion d'assistance indirecte était spéciale à la législation allemande, mais qu'aucun doute n'était possible sur le droit de l'assistance des indigents visés dans la proposition.

Enfin, la Commission propose de viser expressément un mode spécial d'assistance, l'assistance par le travail. En le faisant, elle n'entend exclure de l'application de la Convention aucun mode actuel ou à venir, mais elle marque seulement, dans un Acte diplomatique, l'intérêt tout particulier qu'elle attache à cette modalité de l'assistance dans laquelle elle voit un facteur de progrès.

Les deux premiers articles seraient ainsi conçus.

ARTICLE PREMIER.

Les ressortissants indigents de chacun des États contractants qui, soit par suite de maladie physique ou mentale, de grossesse ou d'accouchement, soit pour toute autre raison, ont besoin de secours, de soins médicaux ou d'une autre assistance quelconque, seront traités, sur les territoires de tout autre État contractant, à l'égal des ressortissants de ce dernier.

ART. 2.

Les divers modes d'assistance en usage seront applicables aux indigents étrangers, notamment l'assistance par le travail.

*
* *

Les deux premiers articles consacrent le premier principe adopté à l'unanimité par votre Commission : l'assimilation. L'article 3 formule le second principe, sur lequel l'accord fut également unanime, et d'après lequel, dans le cas d'assistance non momentanée, le rapatriement peut être effectué :

ART. 3.

Toutes les fois qu'une mesure d'assistance, prévue à l'article 1er et dont la cause ne paraîtra pas devoir rester momentanée, sera prise à l'égard d'un étranger, le rapatriement pourra être effectué.

La proposition suisse, après la proposition autrichienne, introduisait cette notion du rapatriement dans l'article 1er. Il nous a semblé expédient pour la clarté de la rédaction, de séparer nettement les deux idées comme le proposait le projet belge.

Comment mettra-t-on l'assistance permanente à la charge du pays d'origine ? En thèse générale, ce sera au moyen du rapatriement, étant bien entendu — et ceci est essentiel et doit être noté dès à présent bien qu'il n'en soit question qu'à la fin de l'article — que le rapatriement ne sera effectué que lorsque le malade pourra être transporté sans danger pour sa santé ou celle d'autrui.

Bien que les usages actuellement existants aient clairement établi le caractère de cette mesure spéciale que la terminologie administrative française a appelé le *rapatriement diplomatique,* nous croyons devoir donner à son sujet quelques éclaircissements.

Le rapatriement visé dans la convention se distingue de deux autres mesures avec lesquelles on pourrait parfois le confondre : le rapatriement ordinaire et l'expulsion.

Un étranger ne possède pas les moyens de rentrer dans son pays d'origine qu'il veut regagner, il s'adresse à son Consul, qui lui donne les subsides nécessaires, c'est le rapatriement simple. Il est fait dans l'intérêt du seul indigent, le pays de résidence n'intervient en aucune façon.

La présence d'un étranger incommode pour une cause quelconque l'État de résidence, celui-ci, conformément à ses lois intérieures, dans la plénitude de sa souveraineté nationale, par un acte absolument unilatéral, ordonne sa conduite à la frontière : c'est l'expulsion ; le pays d'origine n'intervient en aucune façon, il n'a à donner aucun acquiescement à cette mesure. L'expulsion n'est nullement visée par la Convention. Pour qu'aucun doute ne puisse subsister à cet égard, une disposition spéciale (article 13) a été introduite dans la Convention.

L'expulsion n'est pas visée par la Convention. Le rapatriement diplomatique est tout autre chose :

Un étranger tombe à la charge de l'Assistance publique dans le pays de sa résidence d'une façon qui ne paraît pas devoir rester momentanée. Le pays qui ne veut plus supporter cette charge va-t-il purement et simplement le reconduire à la frontière. Une telle solution, admissible en droit et qui pourrait être parfaitement pratiquée en l'absence de convention sur la matière, serait contraire à l'humanité, contraire parfois aussi à la sécurité ou à la santé de tiers. Pour éviter les inconvénients de la conduite à la frontière, sans avis préalable, d'un indigent malade ou dangereux, la coutume, sanctionnée parfois par des Conventions, s'est établie de prévenir l'État d'origine. En le faisant, le pays de résidence met le pays d'origine en mesure de constater l'identité et la nationalité de l'indigent, il s'entend avec lui pour la date, le lieu, les conditions de la remise, il lui donne les moyens enfin d'accorder, le cas échéant, dès l'arrivée sur le territoire, au malheureux, les soins et les secours que réclame son état, de prendre les mesures pour sauvegarder, s'il y a lieu, la santé ou la sécurité publiques.

On aperçoit, dès lors, les caractères essentiels de cette mesure et leurs conséquences :

1° Elle est prise *surtout* dans l'intérêt du pays qui renvoie l'indigent et c'est cet intérêt que la Convention a principalement en vue. Deux conséquences découlent de ce principe :

a) C'est le pays de résidence qui détermine le moment où *la cause d'assistance ne paraîtra pas devoir rester momentanée*. C'est à ce moment qu'il adresse la demande de rapatriement.

Votre Commission ne se dissimule pas que des difficultés importantes peuvent être soulevées dans cette distinction qui est faite entre les causes d'assistance momentanées, transitoires, temporaires et les cas permanents, durables, définitifs. Les mots ici importent peu; le problème consiste à fixer la limite. C'est pour résoudre ce problème que la délégation française avait proposé un délai au delà duquel une assistance de temporaire devenait permanente, que les délégations des Pays scandinaves précisaient un chiffre de dépenses au delà duquel le secours serait considéré comme permanent et que la délégation belge proposait de déterminer les catégories d'indigents permanents. L'entente n'a pu être établie sur la durée du délai, la valeur de la somme ou les catégories. Le texte que nous vous proposons n'a donc pu définir de façon précise ce qu'est un besoin d'assistance momentané.

Sans doute on jugera comme évidemment permanentes, ainsi que le proposait la délégation belge, les causes d'assistance résultant de l'âge (vieillards ou enfants abandonnés), de la maladie incurable, de l'invalidité, de l'aliénation mentale. Pour d'autres espèces, le doute pourra être permis, il est d'importance minime, puisque le pays de résidence sera le souverain arbitre en la matière.

b) C'est le pays de résidence qui est juge du point de savoir s'il lui convient de renvoyer l'indigent ou de continuer à le garder à sa charge. C'est pour cette raison que votre Commission n'a pas pu accueillir les suggestions qui auraient tendu à imposer, d'une façon quelconque, à l'État de résidence une obligation de demander le rapatriement d'un étranger se trouvant sur son territoire.

2° Ce rapatriement est l'exécution d'une entente diplomatique entre deux États et, par conséquent, la volonté des individus ne peut y déroger. Le consentement de l'indigent n'est donc pas nécessaire et l'étranger peut être contraint de regagner son pays d'origine (1). Cette indication est inscrite dans le présent rapport pour répondre à une demande de la délégation de la Grande-Bretagne.

3° Le rapatriement est fait dans l'intérêt du pays de résidence et, par conséquent, il importe peu que la cause d'assistance ne soit pas de celles qui donnent lieu à une obligation d'assistance dans le pays d'origine; par conséquent encore, en acquiesçant à la demande de rapatriement, l'État d'origine ne contracte aucun engagement d'assistance vis-à-vis de l'indigent.

---

(1) On verra plus loin (article 7) les dérogations que, dans un intérêt humanitaire, la Convention apporte à ce principe.

On conçoit combien peut être féconde cette idée pour la rapidité des négociations relatives au rapatriement s'il n'est pas nécessaire d'effectuer, avant l'autorisation, les longues recherches concernant le droit à l'assistance et le domicile de secours dans le pays d'origine.

Cet exposé des principes relatifs au rapatriement diplomatique a semblé nécessaire pour l'intelligence des dispositions qui le règlent. La suite de l'article 3 en précise la procédure :

Dans ce cas, l'État d'origine, c'est-à-dire celui dont l'indigent possède la nationalité en sera immédiatement avisé par l'État de résidence, dans les formes prévues à l'article 11 ci-après.

Cet avis contiendra la demande de rapatriement.

L'avis indiquera au moins les nom et prénoms de l'assisté, et, si possible, le lieu et la date de sa naissance et sa filiation; l'avis sera accompagné de la copie certifiée conforme d'un document permettant d'établir la nationalité ou le droit de cité (passeport, acte d'origine, acte d'immatriculation, etc.) ou, à défaut, tous autres renseignements à établir ladite nationalité.

Il sera en outre produit pour les malades, les aliénés, les invalides et les incurables un certificat médical officiel et détaillé.

Le rapatriement sera toutefois différé jusqu'au moment où il pourra être effectué sans danger pour la santé de l'indigent ou celle d'autres personnes.

Un indigent étranger est, conformément à l'article 1er, l'objet d'une mesure d'assistance, la cause *n'en paraît pas devoir rester momentanée* (c'est le pays de résidence, nous l'avons vu, qui décide de ce point); à ce moment l'État de résidence avise l'État d'origine et cet avis peut contenir la demande de rapatriement.

Cet avis, votre Commission est unanime sur ce point, peut être adressé alors même que l'indigent ne serait pas, à ce moment transportable, car il pourra parfaitement l'être au moment où le rapatriement sera effectué.

L'avis doit contenir tous renseignements permettant d'établir l'identité ou la nationalité de l'indigent. La liste de ces renseignements est énumérative et non impérative et le rapatriement ne pourrait être refusé pour le seul fait que tous ces renseignements n'auraient pu être fournis pourvu qu'on puisse établir l'identité et la nationalité de l'indigent. Le certificat médical est nécessaire, en outre, pour les malades afin de permettre au pays d'origine de déterminer, le cas échéant, la forme d'assistance qu'il convient de donner à l'indigent dès son arrivée. Il doit avoir un caractère officiel, c'est-à-dire être délivré par un médecin connu de l'Administration du pays de résidence.

*
* *

La demande de rapatriement est faite par le pays de résidence. Le pays d'origine pourra-t-il, retardant indéfiniment sa réponse, se soustraire, pendant un temps indéterminé, dont il est seul juge, à la charge qui lui incombe aux termes de la Convention?

Votre Commission ne l'a pas pensé.

Adoptant le principe de la proposition de la délégation suisse, elle a estimé que le pays de résidence, s'il fait toute diligence, ne devait supporter normalement les frais de l'assistance qu'au maximum pendant un délai de deux mois à dater de l'avis prévu à l'article 3.

Sans doute, en fait, la charge incombant au pays de résidence sera de plus longue durée puisqu'il supportera évidemment les frais de l'assistance antérieure à l'avis-demande de rapatriement. Il appartiendra à l'État de résidence de prendre toutes les mesures pour que les documents et renseignements qui doivent accompagner l'avis soient rapidement réunis.

Pour accélérer la réponse de l'État d'origine, la Convention stipule un délai de 45 jours à dater de la réception de l'avis et après l'expiration duquel les dépenses devront être remboursées par l'État d'origine si ce dernier n'a pas répondu.

Le chiffre de 45 jours n'est pas purement arbitraire et se rattache au délai de 2 mois ci-dessus visé. En effet, en admettant que l'État d'origine attende l'extrême limite du délai pour donner l'autorisation de rapatriement — hypothèse qui, votre Commission l'espère, ne se produira pas dans la plupart des cas — il restera à l'État de résidence à aviser l'État d'origine de la date et du lieu de rapatriement (art. 6); un délai de 5 jours est jugé comme une moyenne pour l'accomplissement de cette formalité. Cet avis doit être donné 10 jours avant la date de la remise. Le délai maximum moyen qui s'écoulera entre la demande de rapatriement et la remise, sera donc bien de 60 jours, ainsi que le demandait la Délégation Suisse.

Ce délai de 45 jours apparaît comme une prime à l'accélération des correspondances. Il impose la célérité à l'État d'origine mais, par contre, ne lui inflige une sorte de sanction que si un retard lui est imputable. Si la réponse affirmative est donnée avant l'expiration du délai et si, pour une raison quelconque, l'indigent n'est pas rapatrié, aucun remboursement ne peut être demandé (art. 8). Ceci a été clairement spécifié à la demande de la Délégation hongroise.

Mais que se passera-t-il si la réponse affirmative arrive, par exemple, le 50e jour?

Si l'indigent est transportable, l'État d'origine paiera les frais pendant 5 jours et le pays de résidence, conformément au principe, n'aura eu à sa charge que 60 jours d'hospitalisation.

S'il n'est plus transportable, l'ayant été le 45e jour, et s'il ne redevient transportable que le 60e jour, l'État d'origine devra rembourser 15 jours d'entretien. Le même principe est toujours respecté.

Il est bien évident que si, au moment de l'autorisation de rapatriement arrive, le besoin d'assistance a cessé, soit que l'indigent soit revenu à la santé ou ait trouvé des ressources, soit qu'il ait disparu, le rapatriement n'aura pas lieu. Cette précision a été insérée ici à la demande de la délégation danoise.

Dans ce cas la courtoisie exigera que le pays de résidence avise le pays d'origine de la cessation de l'assistance.

En dehors de ces cas et de ceux prévus aux articles suivants, aucun remboursement n'est dû par le pays d'origine (art. 8).

Les frais de rapatriement proprement dit, c'est-à-dire les frais de conduite jusqu'à la frontière du pays d'origine, et les frais d'assistance, durant le transport (frais de gardien, nourriture, etc.), ainsi que, le cas échéant, les frais d'enterrement, restent dans tous les cas à la charge du pays de résidence.

ART. 4.

Si, dans un délai de quarante-cinq jours à partir de la réception de l'avis prévu à l'article 3, l'État d'origine n'a pas autorisé le rapatriement, cet État sera tenu de rembourser, à partir de l'expiration de ce délai de quarante-cinq jours, à l'État de résidence, les frais d'assistance supportés par ce dernier jusqu'à l'arrivée de l'autorisation de rapatrier.

Si l'autorisation intervient après l'expiration du délai de quarante-cinq jours et si, à ce moment, l'assisté n'est plus transportable alors qu'il l'aurait été au moment de l'expiration du délai, l'État d'origine devra rembourser à l'État de résidence les frais d'assistance dès l'expiration du délai de quarante-cinq jours jusqu'au moment où le transport sera redevenu possible ou jusqu'à la cessation de la mesure d'assistance.

Dans toutes les alternatives, les frais de rapatriement jusqu'à la frontière de l'État d'origine et les frais de l'assistance durant ce transport, comme aussi, le cas échéant, les frais d'enterrement, seront à la charge de l'État de résidence.

*
* *

Il est des cas où le délai de 45 jours est insuffisant pour la négociation du rapatriement à raison de la distance entre l'État de résidence et l'État d'origine. L'article 5 vise ce cas et spécialement les relations entre les États européens et les États d'Amérique ou d'Extrême-Orient.

ART. 5.

Le délai de quarante-cinq jours fixé à l'article 4 ci-dessus sera augmenté de trente jours si la correspondance postale entre la capitale du pays de résidence de l'indigent et la capitale de l'État d'origine nécessite plus de quatre jours, et sera augmenté de soixante jours si ladite correspondance nécessite plus de douze jours.

*
* *

Nous avons examiné dans quelle forme est faite la demande du rapatriement. L'article 6 règle celle de l'autorisation. Elle doit contenir l'indication de l'autorité chargée de recevoir l'indigent et du point de remise. Cette énumération est, cette fois, impérative, au moins lorsque l'État qui autorise le rapatriement tient à recevoir le rapatrié. Il peut se faire, en effet, qu'un pays se désintéresse du rapatriement, s'il s'agit, par exemple, d'un indigent valide auquel il ne doit pas l'assistance. Dans ce cas, il pourra répondre à l'État de résidence : renvoyez-moi cet indigent où vous voudrez et quand vous voudrez.

Le rapatriement est autorisé, il reste à en assurer l'exécution. Ici, la Convention innove sur la pratique existant dans plusieurs pays. Alors que la correspondance relative à l'autorisation de rapatriement se fait, en principe, par la voie diplomatique (art. 11), l'avis de l'heure et de la date de la conduite à la frontière est transmis directement par l'État de résidence à l'autorité indiquée dans l'acquiescement au rapatriement. Cette innovation se justifie par un intérêt de célérité.

Cet avis doit indiquer le nombre des gardes-malades nécessaires afin que l'autorité qui reçoit l'indigent puisse prendre les mesures pour sa réception. Il doit être donné dix jours avant la date de remise, nous avons indiqué plus haut la raison de ce délai. A ce sujet, la Délégation allemande a indiqué que son Gouvernement préférerait que la Convention ne réglât pas la procédure du rapatriement. Cette procédure soulève des questions relatives aux règlements locaux, relatifs à la circulation. Les solutions pourront être différentes selon les pays, en raison des diversités des langues. Il y aurait tout intérêt, d'après cette Délégation, à laisser à des conventions spéciales le soin de régler cette matière.

ART. 6.

L'autorisation de rapatrier accordée par l'État d'origine, telle qu'elle est prévue à l'article 4, indiquera l'autorité chargée de recevoir l'indigent ainsi que le point frontière où la remise devra avoir lieu. L'État de résidence notifiera à cette autorité l'époque de la remise par un avis qui devra parvenir à destination au moins dix jours à l'avance sauf accord contraire. Cet avis indiquera, le cas échéant, le nombre de gardes-malades nécessaire à la réception de la personne à rapatrier.

*
* *

Nous avons posé, pour les cas d'assistance non momentanée, une règle générale : le rapatriement. Convient-il de pouvoir y déroger? Des raisons humanitaires, des raisons de bonne administration rendront parfois le rapatriement ou cruel ou peu rationnel. L'étranger a dans le pays de sa résidence sa famille, ses amis ou ses habitudes, il en parle uniquement la langue; est-il humain de l'arracher à ce pays? Un vieillard français tombe à la charge de l'Assistance publique au Japon; est-il de bonne administration d'obliger le Japon à une dépense considérable alors que la charge supportée par la France sera minime?

Les espèces peuvent être fort nombreuses et l'énumération de l'article 7 n'indique que les principales, toute combinaison à ce sujet est admissible. La délégation hongroise a appelé l'attention de la Commission sur le cas où un enfant a été placé en nourrice. Dans ce cas, les parents nourriciers devraient être, dans la pensée de cette délégation, traités comme les parents naturels. Lorsqu'une espèce semblable se produit, l'Etat d'origine ne peut pas être déchargé de son obligation, il devra rembourser les dépenses dans des conditions à convenir; c'est-à-dire que la négociation pourra porter sur chaque cas d'espèce, ou un accord général intervenir pour tous les cas de cette nature.

L'article 7 prévoit que le remboursement dont il s'agit pourra être fait par la Bienfaisance privée.

Il a paru particulièrement intéressant à la Commission de reconnaître officiellement le concours important que la Bienfaisance privée peut prêter à l'Assistance publique. Nous voyons, dans cette disposition, le lien qui rattache la Convention en discussion à celle que la Conférence avait également le vif désir de conclure au sujet du statut international des Sociétés de bienfaisance étrangères (1).

Plus que dans toute espèce, la Bienfaisance privée peut être ici utile. Il nous semble en effet impossible, quand les lois d'assistance diffèrent, que l'article 7 puisse être appliqué dans l'esprit humanitaire qui est sa raison d'être. Un exemple est ici nécessaire: un vieillard ressortissant à l'État A, État où l'assistance aux vieillards n'est pas obligatoire, tombe en vertu de la Convention à la charge de l'Etat B, où l'obli-

---

(1) Voir également à ce sujet le commentaire de l'article 6.

gation d'assister les personnes âgées existe. Un des cas prévus à l'article 7 se produit et l'État B demande, à l'État A, le rapatriement étant inhumain, le remboursement des frais d'assistance. Il est impossible à l'État A d'acquiescer à cette demande, car si, en vertu d'un principe absolu, dont on a fait ici souvent usage, une convention ne peut pas accorder aux étrangers un traitement plus favorable qu'aux nationaux, il ne paraît pas admissible que l'accord international traite plus favorablement un national qui a émigré que celui qui est resté dans son pays et cela aux frais de sa patrie.

Voilà un cas, qui n'est pas, hélas, exceptionnel, où le concours de la Bienfaisance privée est très utile.

La Délégation belge a insisté sur une autre mission des plus intéressante de la bienfaisance privée qui avait fait l'objet d'une résolution du Congrès de Copenhague. Il s'agit du payement de cotisations aux sociétés ayant un objet relatif à la prévoyance sociale (sociétés de secours mutuels, d'assurances de toute espèce contre les risques sociaux, sociétés pour l'acquisition des habitations à bon marché, etc.), en somme tout le vaste champ de l'assistance dite *préventive* sur laquelle se fixe de plus en plus l'attention de la philanthropie scientifique. Un ouvrier affilié à une société de secours mutuel se trouve, par suite de chômage momentané ou de maladie, dans l'impossibilité de verser ses cotisations. Devra-t-il, par ce fait indépendant de sa volonté, perdre le bénéfice de ses versements antérieurs? Jusqu'ici, à part de rares exceptions, l'Assistance publique n'a pas prévu ce mode d'assistance. Il semble que, jusqu'à la modification éventuelle des législations sur ce point, le rôle de la bienfaisance privée, notamment des sociétés de bienfaisance aux étrangers doit exercer une action très salutaire, tant au point de vue des résultats pratiques que de l'influence de l'exemple.

L'article 7 serait ainsi rédigé :

ART. 7.

Le rapatriement pourra ne pas avoir lieu si la continuation des secours est consentie moyennant le payement des frais par l'État d'origine aux conditions à convenir. Ce payement pourra être fait par la Bienfaisance privée aussi bien que par l'Assistance publique. Dans l'application de chacun des cas, les Gouvernements intéressés auront égard, non seulement à l'intérêt d'une bonne administration, mais à l'intérêt humanitaire, notamment à la situation de famille de l'indigent; autant que possible, la femme ne sera pas séparée de son mari, ni l'enfant de ses parents, et réciproquement.

Il a paru inutile de spécifier, ainsi que le demandait M. Szana, que l'enfant ne serait pas séparé de ses parents « non indignes ». Il est certain que le texte invoque l'intérêt humanitaire et que ce serait aller précisément contre cet intérêt de ne pas séparer les enfants des parents déchus de la puissance paternelle.

*
* *

L'article 8 consacre le principe du non-remboursement dont nous avons expliqué le fonctionnement lors de l'analyse de l'article 4.

Il vise également le cas où l'assisté lui-même ou des personnes tenues légalement à lui venir en aide, seraient en mesure de le faire. Ils pourront être contraints, dans tous les cas, à rembourser au pays de résidence les dépenses et les Puissances s'engagent à prêter à ce sujet leur concours dans la limite de leur législation.

ART. *8.*

En dehors des cas prévus aux articles 4 à 6 ci-dessus, le remboursement des frais de soins, secours ou autre assistance, ainsi que, le cas échéant, des dépenses d'enterrement, ne sera réclamé ni aux caisses de l'État, des provinces ou des communes, ni à aucune autre caisse publique quelconque de l'État d'origine; ne pourra pas davantage être réclamé, dans ce cas, le remboursement des frais de transport jusqu'à la frontière de l'État d'origine ni des frais d'assistance durant ce transport.

Dans le cas où la personne assistée elle-même ou d'autres personnes y obligées légalement en ses lieu et place sont en état de subvenir à ces frais, le remboursement pourra leur en être réclamé. A cet effet, chacun des États contractants prêtera à tout autre État contractant l'appui admissible aux termes de la législation du pays, afin que ces frais, qui seront calculés d'après les taxes en usage à l'égard des nationaux, soient remboursés à qui de droit.

*
* *

L'article 9 règle la question du transit lorsque le pays d'origine et le pays de résidence sont séparés par un État tiers contractant. Ce dernier État doit faciliter le transit et, en outre — disposition nouvelle dans ce droit conventionnel — il accordera les mêmes réductions de taxes qu'aux nationaux indigents. Sur ce point, la Délégation allemande a formulé une réserve.

La procédure de transit (demande, autorisation, etc.) n'est pas réglée par la Convention non plus que l'application, le cas échéant, de l'article 6. Des accords particuliers pourront régler ces points.

A ce sujet, on a fait connaître que quelques Puissances employaient, pour ces transits, la même procédure que pour le transit en matière d'extradition.

L'article 9 serait ainsi conçu :

ART. *9.*

Chacun des États contractants accordera pour le transit sur ses territoires, les mêmes facilités et réductions de taxes que pour le transport de ses ressortissants indigents.

*
* *

Comment les remboursements prévus par la Convention s'effectueront-ils ? Présentera-t-on à l'État d'origine une note annuelle, trimestrielle ou chaque cas particulier fera-t-il l'objet d'une reddition de compte ? La Délégation française avait, à ce sujet, proposé un règlement annuel et une organisation d'arbitrage pour les cas contestés. Cette suggestion, intéressante dans le projet français où les remboursements devaient être fréquents, n'a pas pu être envisagée comme une règle générale à inscrire dans la Convention actuelle. On lui a préféré le système des comptes particuliers.

Toutefois des conventions spéciales pourront être utilement conclues sur ce point entre pays ayant de nombreux échanges.

ART. 10.

A défaut d'accords spéciaux entre les États intéressés, il sera dressé un compte particulier pour chaque cas.

*
* *

L'article 11 pose le principe de la correspondance par la voie diplomatique en ce qui concerne les rapatriements. Nous avons vu l'exception apportée à cette règle par l'article 6, exception au sujet de laquelle la Délégation allemande estime que des accords spéciaux seraient nécessaires. La majorité de la Commission serait désireuse de voir se répandre l'usage des communications directes en vue de la rapide solution des affaires :

ART. 11.

La correspondance nécessitée par l'application des articles 3 à 10 ne se fera par la voie diplomatique qu'à défaut d'accords spéciaux introduisant la correspondance directe entre les autorités désignées à cet effet par les deux États intéressés.

*
* *

Des difficultés peuvent se produire, au sujet du rapatriement en ce qui concerne la nationalité de l'indigent.

En principe, il semble que l'accord sur ce point doive exister entre les deux États. En effet, il ne semble pas probable que l'État de résidence demande à un État d'accepter un indigent qu'il ne reconnaît pas comme ressortissant à cet État. En outre, il est difficile d'admettre qu'on puisse forcer un État de recevoir un indigent qu'il ne reconnaît pas comme son national.

La Conférence a rappelé, à ce propos, le vœu émis à Copenhague, d'après lequel, en cas de doute sur la nationalité, l'Etat de résidence continue à assumer la charge d'assistance. C'est la consécration du fait acquis.

Toutefois si les deux pays reconnaissaient que c'est à tort que le pays d'origine conteste la nationalité, ce pays devrait le remboursement de frais à partir du quarante-cinquième jour.

Le projet de convention règle deux cas spéciaux des conflits de nationalité. Celui d'une double nationalité dont l'une est celle du pays de résidence. Dans ce cas, l'indigent n'est pas rapatrié. Celui enfin de la perte ou de la déchéance de la nationalité. Cette précision a été apportée sur la demande de la délégation allemande en raison des lois de l'Empire qui prévoient, dans certains cas, une *déchéance* de la nationalité ayant un caractère pénal. Dans ce cas, cette perte de la nationalité ne peut être une cause de refus du rapatriement.

Toutefois les Délégations allemande, danoise, norvégienne et suédoise ont fait à ce sujet des réserves.

ART. 12.

L'indigent qui posséderait à la fois la nationalité de l'État de sa résidence et celle d'un autre État sera considéré comme ressortissant, au point de vue de l'assistance, à l'État de sa résidence.

D'autre part, l'indigent qui aurait perdu sa nationalité ou qui en aurait été déchu, sera considéré, au point de vue de l'assistance, comme ayant conservé sa nationalité antérieure aussi longtemps qu'il n'en aura pas acquis une autre.

*
* *

L'article 13 tient compte de la proposition de la Délégation allemande dont il a été question au début du présent rapport. C'est une simple précision en ce qui concerne des idées qui découlent, en réalité, naturellement des principes qui ont guidé les rédacteurs de la Convention.

L'accord ne fait obstacle à aucune mesure qui peut être prise par les États dans l'intérêt de l'ordre ou de la sécurité publique. C'est ainsi que toute la question des nomades et des romanichels est laissée en dehors de l'application de la Convention. Le droit d'expulsion et d'interdiction de séjour reste entier en tant que d'autres Conventions n'en ont pas restreint l'exercice.

ART. 13.

La présente Convention ne porte aucune atteinte aux droits de chacun des États contractants d'interdire l'établissement ou le séjour aux ressortissants de tout autre État contractant, pour des motifs de police, en particulier pour des motifs se rapportant à la police sanitaire, à la police des mœurs ou à la police des indigents, le tout sous réserve des traités ou clauses d'établissement pouvant exister entre les États contractants.

*
* *

Dans la définition que nous avons donnée des lois d'assistance publique, nous avons noté la distinction existant entre ces lois et celles qui fondent le droit d'assistance sur un contrat de travail; les dispositions relatives aux marins délaissés à l'étranger sont de cette nature.

Dans le cas d'abandon, des Conventions spéciales règlent l'assistance et le rapatriement des marins. Dans le cas de désertion, d'autres Conventions jouent. Il est évident que le présent accord n'y déroge pas. La délégation allemande ayant insisté pour que ce point fut précisé selon le texte qu'elle avait présenté, votre Commission a souscrit bien volontiers à l'article 14 :

ART. 14.

La présente Convention est applicable aux marins dans tous les cas où des accords, règles ou usages ne leur assurent pas l'assistance dont ils auraient besoin.

*
* *

Il semble évident qu'en signant une Convention internationale un État ne peut, sauf par un texte formel, aliéner en aucune façon sa liberté de conclure avec tel ou tel des autres États contractants des conventions bilatérales modifiant, en ce qui concerne leurs rapports, les dispositions de la Convention générale. Le présent projet de Convention ne déroge pas à cette règle de droit international.

Toutefois l'usage s'est établi, dans les Conventions internationales, de viser expressément certains cas où des accords particuliers sont possibles. Aucun argument *a contrario* ne peut être tiré de ces dispositions. Elles sont souvent la preuve que les rédacteurs de la Convention générale, apercevant des simplifications ou des progrès possibles dans des accords bilatéraux mais impossibles dans la Convention, indiquent aux États leurs préférences et conseillent l'adoption de ces simplifications ou progrès. C'est dans cet esprit que des accords spéciaux ont été visés dans le projet que nous vous soumettons et notamment dans l'article 15.

Certaines délégations estiment qu'un des progrès les plus désirables consisterait dans la suppression progressive des cas de remboursement et peut-être de rapatriements. Certaines d'entre elles subordonneraient ces sortes d'accords spéciaux à l'acquisition d'une *nationalité sui generis* résultant d'un certain nombre d'années de résidence, idée dont le germe se trouve dans une des résolutions du Congrès de Copenhague et qui avait été formulée d'une façon concrète dans la proposition française.

Cette proposition qui, dans l'esprit de la Délégation de la France, apparaissait comme une concession faite aux partisans de la thèse contraire à la sienne, a été prise en sérieuse considération par la Commission.

L'idée dont il s'agit n'a pas semblé assez mûre pour prendre place, dès à présent, dans le texte de la Convention. Le délai de trente ans, proposé par la France, a semblé trop étendu. Le terme de dix ans moyennant certaines conditions paraissait plus acceptable, mais la condition de la Délégation française relative au service militaire du fils de l'indigent n'est pas d'application assez étendue dans les pays où le service militaire n'est pas général et obligatoire. Mais d'autres conditions pourraient être utilement envisagées. Pour les accords spéciaux futurs, votre Commission suggérerait, à titre d'exemple, les conditions ci-après : cas où les enfants auraient acquis la nationalité du pays de résidence (ce serait la généralisation du cas envisagé par la France) cas des familles nombreuses, cas de l'étranger qui aurait résidé pendant dix ans sans réclamer aucun secours de l'Assistance publique.

ART. 15.

Les Gouvernements des États contractants se réservent la possibilité d'exclure, par des accords spéciaux, du bénéfice de la présente Convention, certains modes d'assistance.

Ils se réservent aussi de modifier par des accords spéciaux les conditions de remboursement ou de convenir qu'il n'y a pas lieu à rapatriement ou à remboursement, soit pour diverses catégories, soit pour l'ensemble des assistés.

*
* *

Les dispositions relatives à l'Assistance publique de notre projet s'arrêtent là. Notre tâche serait terminée si, comme nous l'espérions tous, la Commission relative à la Bienfaisance privée avait abouti à l'élaboration du projet de Statut international des associations de bienfaisance.

Le remarquable rapport de notre éminent collègue M. Brondi vous a lumineusement exposé les travaux de cette Commission qui proposera à la Conférence d'émettre un vœu concernant le Statut international. Votre Commission, sur la proposition de la Délégation italienne, a pensé que la Conférence devait faire plus et viser dans un article spécial de notre Convention les sociétés de bienfaisance étrangères. L'article que nous vous proposons n'aura peut-être pas une portée pratique bien grande; il aura cependant un effet moral important, montrant que cette Conférence où sont représentées vingt Puissances est unanime à reconnaître les efforts des particuliers pour venir en aide aux malheureux et a voulu signer l'engagement formel et solennel de « favoriser le plus possible les associations et établissements constitués en vue de l'assistance aux étrangers ».

N'oublions pas non plus, Messieurs, que c'est à l'initiative privée que nous devons d'être aujourd'hui réunis ici, nous le devons à une des associations qui remplit le plus noblement un de ses buts les plus chers, celui d'assurer l'assistance aux étrangers, à ce Comité international des Congrès dont plusieurs d'entre vous font partie, à son éminent Président, M. Émile Loubet, qui présidait le Congrès de Copenhague, base de nos délibérations, à M. Loubet, dont je vous prie de me permettre de saluer, avec un profond respect, ainsi que l'a fait M. le Président de la Conférence, la haute autorité et le grand cœur.

Notre Commission est persuadée que la Conférence sera unanime pour payer une dette de reconnaissance. Les services toujours plus importants rendus par les sociétés charitables apportent un précieux concours à l'assistance publique de tous les pays, si large, si généreuse que soient les législations d'assistance. L'œuvre que nous avons entreprise pour diminuer la misère de nos compatriotes hors de la patrie n'est pas parfaite, les réserves que certaines délégations nous ont fait prévoir restreindra encore, pour le moment au moins, le champ d'application de notre texte, il restera toujours à faire pour la Charité. Et, quand bien même nous aurions obtenu pour nos nationaux ce minimum d'assistance vers lequel nous tendons, l'Administration étrangère, si bonne, si fraternelle, si généreuse qu'elle soit, remplacera-t-elle jamais complètement ces compatriotes charitables qui donnent, avec un peu d'argent, beaucoup de cœur?

L'article que nous vous proposons à ce sujet est ainsi conçu :

ART. 16.

Les États contractants favoriseront le plus possible les associations et établissements constitués en vue de l'Assistance aux étrangers.

*
* *

Les articles qui terminent notre projet de Convention sont *de protocole*. Ils ont été rédigés conformément à la proposition de la Délégation allemande. Certaines modifications y ont été apportées sur un point spécial relatif aux adhésions; elles ont été copiées sur les dispositions analogues de la Convention de Genève.

Des explications spéciales sur la procédure qui règle la signature, la ratification, l'adhésion, l'accession des colonies, possessions ou protectorats, et la dénonciation seraient inutiles si votre Commission n'avait jugé intéressant de fixer votre attention sur un point.

Le Projet de Convention que nous vous proposons n'est ouvert sans condition qu'aux Puissances représentées à la Conférence de Paris qui peuvent y adhérer dans les formes prescrites par l'article 20 du Projet.

Les autres Puissances, celles qui n'ont pas été convoquées, ne sont admises à adhérer que si aucune opposition n'est faite à cette adhésion par les Etats contractants.

Votre Commission a admis cette disposition qui permettra à l'un quelconque des États contractants de repousser de la Convention un État qui, à ses yeux, n'accorderait pas à ses nationaux ce *minimum d'assistance* dont il a été parlé au début du présent Rapport.

Les articles de Protocole sont ainsi conçus :

ART. 17.

Les États contractants communiqueront, le cas échéant, au Gouvernement de la République française tous les règlements qui assurent l'application de la Convention.

Le Gouvernement français portera ces règlements à la connaissance des autres États contractants.

ART. 18.

La présente Convention sera ratifiée aussitôt que possible.

Les ratifications seront déposées dans les archives du Gouvernement de la République française, dès que six des États contractants seront en mesure de le faire.

Le premier dépôt de ratifications sera constaté par un procès-verbal signé par les Représentants des États qui y prennent part et par le Ministre des Affaires étrangères de la République française.

Les dépôts ultérieurs de ratifications se feront au moyen d'une notification écrite adressée au Gouvernement de la République française et accompagnée de l'instrument de ratification.

Copie certifiée conforme du procès-verbal relatif au premier dépôt de ratifications, des notifications mentionnées à l'alinéa précédent, ainsi que des instruments de ratification qui les accompagnent, sera immédiatement, par les soins du Gouvernement de la République française et par la voie diplomatique, remise aux États qui ont signé la présente Convention ou qui y auront adhéré. Dans les cas visés par l'alinéa précédent, ledit Gouvernement leur fera connaître en même temps la date à laquelle il a reçu la notification.

ART. 19.

La présente Convention ne s'applique de plein droit qu'aux territoires métropolitains des États contractants.

Si un État contractant en désire la mise en vigueur dans ses colonies, possessions ou protectorats, il déclarera son intention soit expressément dans l'instrument de ratification ou dans l'acte d'adhésion (art. 20, alinéa 2), soit par une notification spéciale adressée par écrit au Gouvernement de la République française, laquelle sera déposée dans les archives de ce Gouvernement. Si l'État déclarant choisit ce dernier procédé, ledit Gouvernement transmettra immédiatement à tous les autres États contractants copie certifiée conforme de la notification en indiquant la date à laquelle il l'a reçue.

ART. 20.

La présente Convention, qui portera la date du , pourra être signée à Paris jusqu'au , par les Plénipotentiaires des Puissances représentées à la Conférence de Paris sur l'Assistance aux étrangers.

Celles d'entre ces Puissances qui désireront adhérer ultérieurement à la Convention notifieront par écrit leur intention au Gouvernement de la République française en lui transmettant l'acte d'adhésion qui sera déposé dans les archives dudit Gouvernement.

Le Gouvernement français transmettra immédiatement à tous les États qui ont signé la présente Convention ou qui y auront adhéré, copie certifiée conforme de la notification ainsi que de l'acte d'adhésion, en indiquant la date à laquelle il a reçu la notification.

ART. 21.

Les autres Puissances pourront demander à adhérer dans la forme indiquée à l'article précédent. Toutefois, leur demande devra être accompagnée de renseignements officiels sur les lois et règlements assurant sur leur territoire l'assistance publique à leurs nationaux. Ces documents devront être remis au moins en autant d'exemplaires qu'il existera d'États contractants et traduits en français.

Le Gouvernement de la République française transmettra immédiatement la demande et les annexes aux États contractants, en indiquant la date à laquelle il a reçu la notification. La demande d'adhésion ne sera admise que si, dans le délai d'un an à partir de la notification au Gouvernement français, celui-ci n'a reçu d'opposition de la part d'aucun des États contractants.

ART. 22.

La présente Convention produira effet, pour les États qui auront participé au premier dépôt de ratifications, six mois après la date du procès-verbal de ce dépôt, et, pour les États qui la ratifieront ultérieurement ou qui y adhéreront, ainsi qu'à l'égard des colonies, possessions ou protectorats non mentionnés dans les instruments de ratification, six mois après que les notifications prévues dans l'article 18, alinéa 4, l'article 19, alinéa 2 et l'article 20, alinéa 2, auront été reçues par le Gouvernement français et, dans le cas de l'article 21, à partir de l'expiration du délai d'un an qui y est prévu.

ART. 23.

S'il arrivait qu'un des États contractants voulût dénoncer la présente Convention, soit pour la totalité de ses territoires, soit seulement pour tout ou partie de ses colonies, possessions ou protectorats, la dénonciation sera notifiée par écrit au Gouvernement de la République française qui communiquera immédiatement copie certifiée conforme de la notification à tous les autres États en leur faisant savoir la date à laquelle il l'a reçue.

La dénonciation ne produira ses effets qu'à l'égard de l'État qui l'aura notifiée ou des colonies, possessions ou protectorats visés dans l'acte de dénonciation et cela seulement un an après que la notification en sera parvenue au Gouvernement français.

*
* *

Votre Commission a pris en grande considération l'amendement de la Délégation hongroise ci-après :

« L'État dans lequel se trouve un enfant abandonné de nationalité étrangère en donnera avis à l'autorité consulaire compétente.

« Tout enfant abandonné de nationalité étrangère sera, en règle générale, rapatrié sans aucun retard.

« Il pourra, cependant, être retenu dans l'État où il se trouve, si cet État le demande dans l'intérêt de l'enfant, et si l'État de son origine y consent. Ce consentement, une fois donné, ne peut être retiré. »

En raison de son caractère spécial, il ne semble pas possible à la Commission d'insérer ce texte dans la Convention générale, mais elle a pensé que la Conférence accepterait d'exprimer un vœu en ce qui concerne la proposition de la Délégation hongroise.

Un vœu vous est également proposé par la Commission de la bienfaisance privée.

*
* *

Votre Commission avait espéré que les Délégués, aux termes de vos travaux, auraient pu obtenir de leurs Gouvernements les Pleins pouvoirs leur permettant de signer le texte des Conventions que nous soumettons à vos délibérations.

Les discussions qui ont eu lieu au sein de la Commission ont fait apparaître qu'il semblait préférable à plusieurs Délégations, notamment à la Délégation allemande, de suspendre pour un temps court et nettemment limité les travaux de la Conférence afin de permettre aux délégués de soumettre aux délibérations de leurs Gouvernements le texte que nous élaborerons.

Le 1er mars 1913, les travaux de la Conférence recommenceraient sans qu'une nouvelle convocation soit nécessaire et nous reprendrions, après cette consultation de nos Gouvernements, l'examen du projet de convention.

Mais, comme une entente sur les principes a été constatée au sein de notre réunion, nous vous demanderons de prendre l'engagement de les respecter en principe au cours de la 2e session de la Conférence et de ne reprendre la discussion que sur les questions de détail et de rédaction dont le règlement pourra amener un accord définitif entre le plus grand nombre de puissances.

C'est pour consacrer cette procédure nouvelle en matière de Conférence internationale que nous vous soumettons un projet de Protocole constatant l'état de nos travaux et notre accord pour renvoyer au mois de mars prochain la suite de nos délibérations.

ANNEXE N° 3

AU PROCÈS-VERBAL DE LA SÉANCE DU 3 DÉCEMBRE 1912.

PROTOCOLE DE CLÔTURE.

Les Gouvernements de l'Allemagne, des États-Unis d'Amérique, de la République Argentine, de l'Autriche, de la Hongrie, de la Belgique, du Danemark, de l'Espagne, de la France, de la Grande-Bretagne, de la Grèce, de l'Italie, du Japon, du Luxembourg, de la Norvège, des Pays-Bas, de la Roumanie, de la Russie, de la Suède et de la Suisse,

Ont, sur l'initiative du Gouvernement royal du Danemark, et à la suite d'un vœu du Congrès d'Assistance publique et privée réuni à Copenhague en août 1910, désigné, sur l'invitation du Gouvernement de la République française et en vue d'étudier les moyens d'assurer l'assistance aux étrangers, des Délégués, à savoir :

Pour l'Allemagne :

M. VON JECKLIN, Consul général d'Allemagne à Paris.

M. le Docteur JUNG, Conseiller intime de gouvernement et Conseiller rapporteur à l'Office impérial de l'Intérieur.

Pour les États-Unis d'Amérique :

M. Robert Woods BLISS, Chargé d'affaires des États-Unis à Paris.

Pour l'Argentine :

M. le Docteur Alberto CASTAÑO, Membre du Conseil municipal de Buenos-Aires et médecin de l'Assistance publique.

Pour l'Autriche :

M. le Baron Jean DE EICHHOFF, Conseiller ministériel au Ministère impérial royal autrichien de l'Intérieur.

Pour la Hongrie :

M. Alexandre DE KÖSZEGHY, Chambellan impérial royal, Conseiller ministériel au Ministère royal hongrois de l'Intérieur.

M. le Docteur Alexandre SZANA, Conseiller royal, Directeur et Médecin en chef de l'hospice royal des enfants assistés, à Budapest.

Pour la Belgique :

M. le Baron GUILLAUME, Ministre de Belgique à Paris.

M. VAN OVERBERGH, Secrétaire général honoraire du Ministère des Sciences et des Arts.

M. L. CHOMÉ LA ROQUE, Directeur général au Ministère de la Justice.

Pour le Danemark :

M. le Comte F. REVENTLOW, Ministre de Danemark à Paris.

M. V. R. HAARLÖV, Sous-Chef de Bureau au Ministère royal de l'Intérieur.

Pour l'Espagne :

M. DE REYNOSO, Ministre Conseiller de l'Ambassade d'Espagne à Paris.

Pour la France :

M. HÉBRARD DE VILLENEUVE, Président de section au Conseil d'État.

M. MIRMAN, Directeur de l'Assistance et de l'Hygiène publique au Ministère de l'Intérieur.

M. RONDEL, Inspecteur général des Services administratifs du Ministère de l'Intérieur, Secrétaire du Comité international des congrès d'assistance publique et privée.

M. MESUREUR, Directeur de l'Administration générale de l'Assistance publique de Paris.

M. DE CELLES, Directeur général adjoint de la Comptabilité publique au Ministère des Finances.

M. DE MONTIGNY-TURPIN, Chef de bureau, chargé par intérim des fonctions de Sous-Directeur au Ministère des Affaires étrangères.

M. DE NAVAILLES-LABATUT, Chef de bureau au Ministère des Affaires étrangères,

M. ALPHAND, Vice-Consul de France, Chef du Secrétariat particulier du Ministre de la Marine.

Pour la Grande-Bretagne :

M. Percy LORAINE, Secrétaire de l'Ambassade de S. M. Britannique.

M. John PEDDER, Principal clerk in the Home Office.

M. D. R. SHARPE, de la Société des organisations de bienfaisance.

Pour la Grèce :

M. ROMANOS, Ministre de Grèce à Paris.

M. POLITIS, Professeur à l'Université de Paris.

M. VLASTO, Président de l'Association hellénique de bienfaisance.

Pour l'Italie :

M. Camille PEANO, Conseiller d'État, Chef de cabinet du Président du Conseil.

M. Vittorio BRONDI, Professeur à l'Université de Turin.

M. Eduardo PHILIPSON, Conseiller du Comité permanent des congrès d'œuvres charitables d'Italie.

Pour le Japon :

M. Seiji TSUKAMOTO, Conseiller au Ministère de l'Intérieur.

Pour le Luxembourg :

M. BASTIN, Consul du Luxembourg à Paris.
M. SAX, Conseiller Grand ducal.

Pour la Norvège :

M. BACHKE, Conseiller de la Légation de Norvège à Paris.
M. HANSSEN, Vicaire de paroisse à Christiania.

Pour les Pays-Bas :

M. BLANKENBERG, Secrétaire de la Société néerlandaise pour l'étude des questions d'assistance publique et de charité privée à Amsterdam.

Pour la Roumanie :

M. ARGETOYANO, Secrétaire de la Légation de Roumanie à Paris.

Pour la Russie :

M. DE WITTE, Directeur de la Section d'hygiène et d'assistance publique à l'Administration des affaires régionales.
M. DE HANSEN, Fonctionnaire pour mission spéciale, Représentant des institutions de bienfaisance de l'Impératrice Marie.

Pour la Suède :

M. le Baron BECK-FRIIS, Conseiller de la Légation de Suède à Paris.
M. LINDBLOM, Inspecteur de l'Assistance publique à Stockholm.

Pour la Suisse :

M. LARDY, Ministre de Suisse à Paris.
M. LEUPOLD, Adjoint au chef de la division de police au Département fédéral de Justice et Police.

Ces délégués se sont réunis à Paris, en l'Hôtel du Ministère des Affaires étrangères, le 16 novembre 1912, et ont poursuivi leurs travaux jusqu'à l'élaboration des textes ci-après :

1° Un projet de Convention dont la teneur suit :

PROJET DE CONVENTION.

Les Souverains, Chefs d'États et Gouvernements des Puissances ci-après désignées et représentées à une Conférence qui s'est réunie à Paris, du 16 novembre au 3 décembre 1912,

Également désireux d'assurer, sur la base de l'assimilation aux nationaux, une assistance efficace et satisfaisante à leurs ressortissants indigents à l'étranger.

Ont résolu de conclure une Convention à cet effet et ont, en conséquence, désigné leurs Plénipotentiaires, qui sont convenus des dispositions suivantes :

ARTICLE PREMIER.

Les ressortissants indigents de chacun des États contractants qui, soit par suite de maladie physique ou mentale, de grossesse ou d'accouchement, soit pour toute autre raison, ont besoin de secours, de soins médicaux ou d'une autre assistance quelconque, seront traités, sur les territoires de tout autre État contractant, à l'égal des ressortissants de ce dernier.

ART. 2.

Les divers modes d'assistance en usage seront applicables aux indigents étrangers, notamment l'assistance par le travail.

ART. 3.

Toutes les fois qu'une mesure d'assistance prévue à l'article premier et dont la cause ne paraîtra pas devoir rester momentanée sera prise à l'égard d'un étranger, le rapatriement pourra être effectué.

Dans ce cas, l'État d'origine, c'est-à-dire celui dont l'indigent possède la nationalité, en sera immédiatement avisé par l'État de résidence dans les formes prévues à l'article 11 ci-après.

Cet avis contiendra la demande de rapatriement.

L'avis indiquera au moins les nom et prénoms de l'assisté et, si possible, le lieu et la date de sa naissance, et sa filiation; l'avis sera accompagné de la copie certifiée conforme d'un document permettant d'établir la nationalité ou le droit de cité (passeport, acte d'origine, acte d'immatriculation, etc.), ou, à défaut, tous autres renseignements de nature à établir ladite nationalité.

Il sera en outre produit pour les malades, les aliénés, les invalides et les incurables, un certificat médical officiel et détaillé.

Le rapatriement sera toutefois différé jusqu'au moment où il pourra être effectué sans danger pour la santé de l'indigent ou celle d'autres personnes.

ART. 4.

Si, dans un délai de quarante-cinq jours à partir de la réception de l'avis prévu à l'article 3, l'État d'origine n'a pas autorisé le rapatriement, cet État sera tenu de rembourser, à partir de l'expiration de ce délai de quarante-cinq jours, à l'État de résidence, les frais d'assistance supportés par ce dernier jusqu'à l'arrivée de l'autorisation de rapatrier.

Si l'autorisation intervient après l'expiration du délai de quarante-cinq jours et si, à ce moment, l'assisté n'est plus transportable alors qu'il l'aurait été au moment de l'expiration du délai, l'État d'origine devra rembourser à l'État de résidence les frais d'assistance dès l'expiration du délai de quarante-cinq jours, jusqu'au moment où le transport sera redevenu possible ou jusqu'à la cessation de la mesure d'assistance.

Dans toutes les alternatives, les frais de rapatriement jusqu'à la frontière de l'État d'origine et les frais de l'assistance durant ce transport, comme aussi, le cas échéant, les frais d'enterrement, seront à la charge de l'État de résidence.

ART. 5.

Le délai de quarante-cinq jours fixé à l'article 4 ci-dessus sera augmenté de trente jours si la correspondance postale entre la capitale du pays de résidence de l'indigent et la capitale de l'État d'origine nécessite plus de quatre jours, et sera augmenté de soixante jours si ladite correspondance nécessite plus de douze jours.

ART. 6.

L'autorisation de rapatrier accordée par l'État d'origine, telle qu'elle est prévue à l'article 4, indiquera l'autorité chargée de recevoir l'indigent, ainsi que le point frontière où la remise devra avoir lieu. L'État de résidence notifiera à cette autorité l'époque de la remise par un avis qui devra parvenir à destination au moins dix jours à l'avance, sauf accord contraire.

Cet avis indiquera, le cas échéant, le nombre des gardes-malades nécessaires à la réception de la personne à rapatrier.

ART. 7.

Le rapatriement pourra ne pas avoir lieu si la continuation des secours est consentie moyennant le payement des frais par l'État d'origine aux conditions à convenir.

Ce payement pourra être fait par la Bienfaisance privée aussi bien que par l'Assistance publique.

Dans l'application de chacun des cas, les Gouvernements intéressés auront égard, non seulement à l'intérêt d'une bonne administration, mais à l'intérêt humanitaire, notamment à la situation de famille de l'indigent; autant que possible, la femme ne sera pas séparée de son mari, ni l'enfant de ses parents, et réciproquement.

ART. 8.

En dehors des cas prévus aux articles 4 à 6 ci-dessus, le remboursement des frais de soins, secours ou autre assistance, ainsi que, le cas échéant, des dépenses d'enterrement, ne sera réclamé ni aux caisses de l'État, des provinces ou des communes, ni à aucune autre caisse publique quelconque de l'État d'origine; ne pourra pas davantage être réclamé, dans ce cas, le remboursement des frais de transport jusqu'à la frontière de l'État d'origine ni des frais d'assistance durant ce transport.

Dans le cas où la personne assistée elle-même ou d'autres personnes y obligées légalement en ses lieu et place sont en état de subvenir à ces frais, le remboursement pourra leur en être réclamé. A cet effet, chacun des États contractants prêtera à tout autre État contractant l'appui admissible aux termes de la législation du pays, afin que ces frais, qui seront calculés d'après les taxes en usage à l'égard des nationaux, soient remboursés à qui de droit.

ART. 9.

Chacun des États contractants accordera, pour le transit sur ses territoires, les mêmes facilités et réductions de taxes que pour le transport de ses ressortissants indigents.

ART. 10.

A défaut d'accords spéciaux entre les États intéressés, il sera dressé un compte particulier pour chaque cas.

ART. 11.

La correspondance nécessitée par l'application des articles 3 à 10 ne se fera par la voie diplomatique qu'à défaut d'accords spéciaux introduisant la correspondance directe entre les autorités désignées à cet effet par les deux États intéressés.

ART. 12.

L'indigent qui posséderait à la fois la nationalité de l'État de sa résidence et celle d'un autre État sera considéré comme ressortissant, au point de vue de l'assistance, à l'État de sa résidence.

D'autre part, l'indigent qui aurait perdu sa nationalité ou qui en aurait été déchu, sera considéré, au point de vue de l'assistance, comme ayant conservé sa nationalité antérieure aussi longtemps qu'il n'en aura pas acquis une autre.

ART. 13.

La présente Convention ne porte aucune atteinte aux droits de chacun des États contractants d'interdire l'établissement ou le séjour aux ressortissants de tout autre État contractant pour des motifs de police, en particulier pour des motifs se rapportant à la police sanitaire, à la police des mœurs ou à la police des indigents, le tout sous réserve des traités ou clauses d'établissement pouvant exister entre les États contractants.

ART. 14.

La présente Convention est applicable aux marins dans tous les cas où des accords, règles ou usages ne leur assurent pas l'assistance dont ils auraient besoin.

ART. 15.

Les Gouvernements des États contractants se réservent la possibilité d'exclure, par des accords spéciaux, du bénéfice de la présente Convention, certains modes d'assistance.

Ils se réservent aussi de modifier par des accords spéciaux les conditions de remboursement ou de convenir qu'il n'y a pas lieu à rapatriement ou à remboursement, soit pour diverses catégories, soit pour l'ensemble des assistés.

ART. 16.

Les États contractants favoriseront le plus possible les associations et établissements constitués en vue de l'assistance aux étrangers.

ART. 17.

Les États contractants communiqueront, le cas échéant, au Gouvernement de la République française tous les règlements qui assurent l'application de la Convention.

Le Gouvernement français portera ces règlements à la connaissance des autres États contractants.

ART. 18.

La présente Convention sera ratifiée aussitôt que possible.

Les ratifications seront déposées dans les archives du Gouvernement de la République française, dès que six des États contractants seront en mesure de le faire.

Le premier dépôt de ratifications sera constaté par un procès-verbal signé par les Représentants des États qui y prennent part et par le Ministre des Affaires étrangères de la République française.

Les dépôts ultérieurs de ratifications se feront au moyen d'une notification écrite adressée au Gouvernement de la République française et accompagnée de l'instrument de ratification.

Copie certifiée conforme du procès-verbal relatif au premier dépôt de ratifications, des notifications mentionnées à l'alinéa précédent, ainsi que des instruments de ratification qui les accompagnent, sera immédiatement, par les soins du Gouvernement de la République française et par la voie diplomatique, remise aux États qui ont signé la présente Convention ou qui y auront adhéré. Dans les cas visés par l'alinéa précédent, ledit Gouvernement leur fera connaître en même temps la date à laquelle il a reçu la notification.

ART. 19.

La présente Convention ne s'applique de plein droit qu'aux territoires métropolitains des États contractants.

Si un État contractant en désire la mise en vigueur dans ses colonies, possessions ou protectorats, il déclarera son intention soit expressément dans l'instrument de ratification ou dans l'acte d'adhésion (art. 20, alinéa 2), soit par une notification spéciale adressée par écrit au Gouvernement de la République française, laquelle sera déposée dans les archives de ce Gouvernement. Si l'État déclarant choisit ce dernier procédé, ledit Gouvernement transmettra immédiatement à tous les autres États contractants copie certifiée conforme de la notification en indiquant la date à laquelle il l'a reçue.

ART. 20.

La présente Convention, qui portera la date du   , pourra être signée à Paris jusqu'au   , par les Plénipotentiaires des Puissances représentées à la Conférence de Paris sur l'Assistance aux étrangers.

Celles d'entre ces Puissances qui désireront adhérer ultérieurement à la Convention notifieront par écrit leur intention au Gouvernement de la République française en lui transmettant l'acte d'adhésion qui sera déposé dans les archives dudit Gouvernement.

Le Gouvernement français transmettra immédiatement à tous les États qui ont signé la présente Convention ou qui y auront adhéré, copie certifiée conforme de la notification ainsi que de l'acte d'adhésion, en indiquant la date à laquelle il a reçu la notification.

ART. 21.

Les autres Puissances pourront demander à adhérer dans la forme indiquée à l'article précédent. Toutefois, leur demande devra être accompagnée de renseignements officiels sur les lois et règlements assurant sur leur territoire l'assistance publique à leurs nationaux. Ces documents devront être remis au moins en autant d'exemplaires qu'il existera d'États contractants et traduits en français.

Le Gouvernement de la République française transmettra immédiatement la demande et les annexes aux États contractants, en indiquant la date à laquelle il a reçu la notification. La demande d'adhésion ne sera admise que si, dans le délai d'un an à partir de la notification au Gouvernement français, celui-ci n'a reçu d'opposition de la part d'aucun des États contractants.

ART. 22.

La présente Convention produira effet, pour les États qui auront participé au premier dépôt de ratifications, six mois après la date du procès-verbal de ce dépôt, et, pour les États qui la ratifieront ultérieurement ou qui y adhéreront, ainsi qu'à l'égard des colonies, possessions ou protectorats non mentionnés dans les instruments de ratification, six mois après que les notifications prévues dans l'article 18, alinéa 4, l'article 19, alinéa 2 et l'article 20, alinéa 2, auront été reçues par le Gouvernement français et, dans le cas de l'article 21, à partir de l'expiration du délai d'un an qui y est prévu.

ART. 23.

S'il arrivait qu'un des États contractants voulût dénoncer la présente Convention, soit pour la totalité de ses territoires, soit seulement pour tout ou partie de ses colonies, possessions ou protectorats, la dénonciation sera notifiée par écrit au Gouvernement de la République française qui communiquera immédiatement copie certifiée conforme de la notification à tous les autres États en leur faisant savoir la date à laquelle il l'a reçue.

La dénonciation ne produira ses effets qu'à l'égard de l'État qui l'aura notifiée ou des colonies, possessions ou protectorats visés dans l'acte de dénonciation et cela seulement un an après que la notification en sera parvenue au Gouvernement français.

2° Un vœu concernant certains cas d'assistance aux enfants abandonnés de nationalité étrangère, vœu dont la teneur suit :

VŒU.

S'il s'agit d'un enfant confié à l'Assistance publique dans le pays de la résidence avec le consentement de l'État d'origine, ce consentement ne pourra être retiré sans de graves motifs basés sur l'intérêt de l'enfant.

3° Un vœu en faveur d'un projet de convention relatif à la création d'un Statut international des associations et établissements constitués en vue de l'assistance aux étrangers, vœu dont la teneur suit :

VŒU.

La Conférence exprime le vœu de voir étudier par les différents Gouvernements représentés à la Conférence de Paris le projet ci-après de Statut international des associations et établissements constitués en vue de l'assistance aux étrangers.

Entre les Puissances signataires de la présente Convention et celles qui, ultérieurement, y adhéreront, il est convenu ce qui suit :

ARTICLE PREMIER.

Les Puissances contractantes accorderont la reconnaissance légale aux associations et établissements constitués en vue de l'assistance aux étrangers qui rempliront les conditions ci-après.

ART. 2.

Les statuts de chacun de ces établissements et associations contiendront les règles essentielles et les organes nécessaires à leur fonctionnement.

ART. 3.

S'il y a lieu, la publication, l'enregistrement et l'approbation des statuts se feront conformément aux lois, règlements et usages du Pays où l'association ou l'établissement a son siège.

ART. 4.

Ces associations et établissements jouiront de la capacité juridique, notamment du droit d'ester en justice, de recevoir des cotisations et des subventions.

Ils pourront posséder les immeubles nécessaires à la réalisation de leur but charitable et de leur administration; ils pourront recevoir des libéralités, sous réserve de l'autorisation du Gouvernement du Pays où l'association ou l'établissement a son siège quand cette autorisation est exigée par la loi de ce Pays.

ART. 5.

Les immunités et diminutions d'impôt accordées aux associations et établissements qui secourent les nationaux qui leur seront applicables.

ART. 6.

Les associations ne pourront être dissoutes et les établissements supprimés — en dehors des motifs tirés de l'ordre public — que pour violation de la loi ou des statuts.

En cas de dissolution ou de suppression, si l'association ou l'établissement n'a pas pris de décision relativement à l'attribution de son patrimoine ou à défaut de dispositions contenues dans les actes de libéralité, l'actif net sera remis par l'État de résidence à l'État d'origine pour être attribué à des associations ou établissements similaires.

4° Un vœu concernant le Bureau international d'informations et d'études pour l'assistance aux étrangers, vœu dont la teneur suit :

VŒU.

Le Bureau international d'informations et d'études pour l'assistance aux étrangers est invité à continuer ses travaux et sa propagande concernant l'assistance et la prévoyance en faveur des indigents étrangers.

La Conférence a décidé de suspendre ses travaux jusqu'au 15 avril 1913, afin de permettre à tous ses membres de fournir à leurs Gouvernements respectifs les renseignements et explications de nature à faciliter la signature de la Convention par des Plénipotentiaires.

Cette suspension paraît, en effet, nécessaire pour que les Gouvernements puissent étudier les textes qui viennent d'être élaborés.

La Conférence estime qu'il n'y aurait pas lieu, dans sa seconde session, de remettre en question les principes fondamentaux adoptés à l'unanimité, à savoir : l'assimilation des indigents étrangers aux nationaux, pendant le séjour sur le territoire, le rapatriement et éventuellement le remboursement des frais dans des cas limitativement énumérés.

Les observations que les divers Gouvernements seraient appelés à formuler devront être portées à la connaissance du Gouvernement de la République française avant la fin de février 1913 et seront communiquées d'urgence, par ce dernier, aux Gouvernements représentés à la Conférence, par l'entremise des représentants diplomatiques accrédités à Paris par lesdits Gouvernements.

Il est à souhaiter que les Délégués, lors de la seconde session, soient munis de pleins pouvoirs pour, le cas échéant, signer la Convention sous réserve, bien entendu, de ratification.

Le présent Protocole a été dressé en un seul exemplaire qui demeurera déposé dans les archives du Gouvernement de la République française et dont une copie certifiée conforme sera transmise sans délai par le Gouvernement français avec les rapports des Commissions et les procès-verbaux des trois séances plénières à chacun des Gouvernements représentés à la Conférence.

Fait et signé à Paris, le 3 décembre 1912.

Pour l'Allemagne :

Von JECKLIN.

Docteur JUNG.

Pour l'Autriche.

Baron Jean de EICHHOFF.

Pour la Hongrie :

Alexandre de KÖSZEGHY.

Alexandre SZANA.

Pour la Belgique :

Baron GUILLAUME.

Van OVERBERGH.

CHOMÉ LA ROQUE.

Pour le Danemark :

F. REVENTLOW.

V. HAARLÖV.

Pour l'Espagne :

F. de REYNOSO.

Pour la France :

H. de VILLENEUVE.

MIRMAN.

RONDEL.

C. de CELLES.

NAVAILLES.

ALPHAND.

MONTIGNY.

Pour la Grande-Bretagne :

Percy Loraine.
John Pedder.

Pour l'Italie :

C. Peano.
Vittorio Brondi.
Eduardo Philipson.

Pour le Japon :

Seiji Tsukamoto.

Pour le Luxembourg :

Bastin.

Pour la Norvège :

H. H. Bachke.
Hanssen.

Pour les Pays-Bas :

Blankenberg.

Pour la Roumanie :

C. Argetovano.
(*ad referendum*)

Pour la Russie :

G. de Witte.
Pierre de Hansen.

Pour la Suède :

A. Beck-Friis.

Pour la Suisse :

Lardy.
Leupold.

DEUXIÈME PARTIE

DOCUMENTS DISTRIBUÉS

AU

COURS DE LA CONFÉRENCE

PROPOSITIONS DE LA DÉLÉGATION ALLEMANDE.

ENTWURF
eines internationalen Abkommens über die öffentliche Fürsorge für Ausländer.

ARTIKEL 1.

Die Vertragsstaaten verpflichten sich, dafür zu sorgen, dass den in ihren Gebieten sich aufhaltenden hilfsbedürftigen Angehörigen der anderen Vertragsstaaten die erforderliche Fürsorge nach den am Aufenthaltsorte für die eigenen Angehörigen geltenden Grundsätzen gewährt wird.

Die Unterstützung soll jedoch mindestens umfassen Obdach, den unentbehrlichen Lebensunterhalt, ferner für Kranke und Wöchnerinnen Verpflegung und ärztliche Behandlung, sowie im Todesfall ein angemessenes Begräbnis.

ART. 2.

Als hilfsbedürftig im Sinne dieses Abkommens sind anzusehen Personen, die wegen jugendlichen Alters oder Gebrechlichkeit, wegen körperlicher oder geistiger Krankheit oder als Wöchnerinnen dauernd oder vorübergehend unterstützt werden müssen.

Die Unterstützung erstreckt sich auch auf die Ehefrau und die minderjährigen

PROJET
de Convention internationale relative à l'assistance publique aux étrangers.

ARTICLE PREMIER.

Les États contractants s'engagent à accorder aux indigents ressortissants des autres États contractants qui séjournent dans leurs territoires l'assistance nécessaire prévue pour les nationaux eux-mêmes par les règlements en vigueur, au lieu de leur séjour.

Toutefois, cette assistance comprendra, pour le moins, le logis, la nourriture indispensable, en outre, pour les malades et les femmes en couches, les soins nécessaires et le traitement médical, et, en cas de décès, une sépulture convenable.

ART. 2.

Sont considérés comme indigents, dans le sens de cette convention, tous ceux qui, en raison de leur jeune âge ou de leurs infirmités, de maladies physiques ou mentales, ou pour cause de grossesse ou d'accouchement ont besoin d'être assistés soit temporairement, soit d'une manière permanente.

Seront également assistés l'épouse et les enfants mineurs de l'indigent, en tant

Kinder des Hilfsbedürftigen, soweit sie mit ihm beim Eintritt der Hilfsbedürftigkeit in häuslicher Gemeinschaft leben und an ihrem Aufenthaltsort für ihren unentbehrlichen Lebensunterhalt nicht selbst sorgen können.

que, au moment de l'indigence, ils vivent en commun avec lui et sous le même toit et qu'ils soient incapables de se procurer les moyens d'existence indispensables dans le lieu de leur séjour.

ART. 3.

Die Unterstützung soll so lange gewährt werden, bis die Hilfsbedürftigkeit beendet ist, oder bis die Rückkehr in die Heimat ohne Nachteil für die Gesundheit des Hilfsbedürftigen oder anderer Personen geschehen kann.

ART. 3.

L'assistance sera accordée aussi longtemps que la nécessité en existe ou jusqu'au moment où la rentrée au pays d'origine pourra être effectuée sans préjudice pour la santé de l'indigent ou celle d'autres personnes.

ART. 4.

Ein Ersatz der durch die Unterstützung erwachsenen Kosten kann gegenüber dem Vertragsstaate, dem der Hilfsbedürftige angehört, oder gegenüber den öffentlichen Verbänden oder den Kassen dieses Staates nicht beansprucht werden.

Für den Fall, dass der Hilfsbedürftige selbst oder dass andere privatrechtlich Verpflichtete zum Ersatze der Kosten imstande sind, bleiben die Ansprüche an diese vorbehalten. Auch sichern sich die Vertragsstaaten die nach der Landesgesetzgebung zulässige Hilfe zur Geltendmachung dieser Ansprüche zu.

ART. 4.

Les frais de l'assistance ne pourront être réclamés ni à l'État contractant auquel ressort l'indigent, ni aux administrations de bienfaisance publiques ni à une autre caisse quelconque de cet État.

Pour le cas où l'indigent lui-même ou des personnes civilement responsables sont en état de rembourser les frais, le droit de leur réclamer le remboursement reste entièrement réservé. A cet effet, les États contractants s'engagent à se prêter réciproquement l'appui admissible aux termes de la législation nationale.

ART. 5.

Die Bestimmungen dieses Abkommens finden auf die Unterstützung von Seeleuten keine Anwendung.

ART. 5.

La présente Convention n'est pas applicable aux marins.

ART. 6.

Durch dieses Abkommen wird nicht berührt die Befugnis der Vertragsstaaten, Angehörigen der anderen Staaten aus armenpolizeilichen Gründen den Aufenthalt zu untersagen.

ART. 6.

La Convention ne touche en rien au droit des États contractants d'interdire le séjour dans leur territoire aux ressortissants des autres États pour des raisons de police des indigents.

Den beteiligten Staaten bleibt überlassen, zu vereinbaren, dass die Ausweisung hilfsbedürftiger Personen durch Zahlung der Unterstützungskosten abgewendet werden kann.

ART. 7.

Die Vertragsstaaten werden der Französischen Regierung alle Vorschriften mitteilen, welche die Ausführung dieses Abkommens gewährleisten.

Die Französische Regierung wird diese Vorschriften zur Kenntnis der anderen Vertragsstaaten bringen.

ART. 8.

Dieses Abkommen soll möglichst bald ratifiziert werden.

Die Ratifikationsurkunden sollen im Archive der Französischen Republik hinterlegt werden.

Die erste Hinterlegung von Ratifikationsurkunden wird durch ein Protokoll festgestellt, das von den Vertretern der daran teilnehmenden Staaten und von dem französischen Minister der auswärtigen Angelegenheiten unterzeichnet wird.

Die späteren Hinterlegungen von Ratifikationsurkunden erfolgen mittels einer schriftlichen an die Regierung der Französischen Republik gerichteten Anzeige, der die Ratifikationsurkunde beizufügen ist.

Beglaubigte Abschrift des Protokolls über die erste Hinterlegung von Ratifikationsurkunden, der im vorstehenden Absatz erwähnten Anzeigen sowie der ihnen beigefügten Ratifikationsurkunden wird durch die Französische Regierung den Staaten, die dieses Abkommen unterzeichnet haben oder ihm später beigetreten sind, auf diplomatischem Wege

Les États pourront convenir que l'expulsion d'un indigent sera suspendue contre payement des frais d'assistance.

ART. 7.

Les États contractants communiqueront au Gouvernement français tous les règlements qui assurent l'application de la Convention.

Le Gouvernement français portera ces règlements à la connaissance des autres États contractants.

ART. 8.

La présente Convention sera ratifiée aussitôt que possible.

Les ratifications seront déposées dans les archives de la République française.

Le premier dépôt de ratifications sera constaté par un procès-verbal signé par les Représentants des États qui y prennent part et par le Ministre des Affaires étrangères de la République française.

Les dépôts ultérieurs de ratifications se feront au moyen d'une notification écrite adressée au Gouvernement de la République Française et accompagnée de l'instrument de ratification.

Copie certifiée conforme du procès-verbal relatif au premier dépôt de ratifications, des notifications mentionnées à l'alinéa précédent, ainsi que des instruments de ratification qui les accompagnent, sera immédiatement, par les soins du Gouvernement Français et par la voie diplomatique, remise aux États qui ont signé la présente Convention ou qui y

unverzüglich mitgeteilt werden. In den Fällen des vorstehenden Absatzes wird die bezeichnete Regierung ihnen zugleich bekanntgeben, an welchem Tage sie die Anzeige erhalten hat.

auront adhéré. Dans les cas visés par l'alinéa précédent, ledit Gouvernement leur fera connaître en même temps la date à laquelle il a reçu la notification.

ART. 9.

Dieses Abkommen findet ohne weiteres nur auf die Stammländer der Vertragsstaaten Anwendung.

Wünscht ein Vertragsstaat die Inkraftsetzung des Abkommens in seinen Kolonien, Besitzungen oder Protektoraten, so hat er entweder seine Absicht in der Ratifikationsurkunde oder in der Beitrittsurkunde (Art. 10, Abs. 2) ausdrücklich zu erklären oder sie in einer besonderen, an die Französische Regierung gerichteten schriftlichen Anzeige kundzugeben, die im Archive dieser Regierung hinterlegt werden wird. Wählt er den letzteren Weg, so wird die bezeichnete Regierung unverzüglich allen anderen Vertragsstaaten beglaubigte Abschrift der Anzeige übersenden und zugleich angeben, an welchem Tage sie die Anzeige erhalten hat.

ART. 9.

La présente Convention ne s'applique de plein droit qu'aux pays métropolitains des États contractants.

Si un État contractant en désire la mise en vigueur dans ses colonies, possessions ou protectorats, il déclarera son intention soit expressément dans l'instrument de ratification ou dans l'acte d'adhésion (art. 10, alinéa 2), soit par une notification spéciale adressée par écrit au Gouvernement Français, laquelle sera déposée dans les archives de ce Gouvernement. Si l'État déclarant choisit ce dernier procédé, ledit Gouvernement transmettra immédiatement à tous les autres États contractants copie certifiée conforme de la notification en indiquant la date à laquelle il l'a reçue.

ART. 10.

Die Staaten, die dieses Abkommen nicht unterzeichnet haben, können ihm später beitreten, auch wenn sie auf der Pariser Konferenz über die öffentliche Fürsorge für Ausländer nicht vertreten waren.

Der Staat, der beizutreten wünscht, hat seine Absicht der Französischen Regierung schriftlich anzuzeigen und ihr dabei die Beitrittsurkunde zu übersenden, die im Archive der bezeichneten Regierung hinterlegt werden wird.

Die Französische Regierung wird unverzüglich allen Staaten, die das Abkom-

ART. 10.

Les États non signataires pourront adhérer à la présente Convention qu'ils aient été ou non représentés à la Conférence de Paris sur l'assistance publique aux étrangers.

L'État qui désire adhérer notifie par écrit son intention au Gouvernement français en lui transmettant l'acte d'adhésion qui sera déposé dans les archives dudit Gouvernement.

Le Gouvernement français transmettra immédiatement à tous les États qui ont

men unterzeichnet haben oder ihm später beigetreten sind, beglaubigte Abschrift der Anzeige wie der Beitrittsurkunde übersenden und zugleich angeben, an welchem Tage sie die Anzeige erhalten hat.

ART. 11.

Dieses Abkommen wird wirksam für die Staaten, die an der ersten Hinterlegung von Ratifikationsurkunden teilgenommen haben, sechzig Tage nach dem Tage, an dem das Protokoll über diese Hinterlegung aufgenommen ist, und für die später ratifizierenden oder beitretenden Staaten sowie in Ansehung der in den Ratifikationsurkunden nicht erwähnten Kolonien, Besitzungen und Protektorate sechzig Tage, nachdem die Französische Regierung die im Artikel 8 Abs. 4, im Artikel 9 Abs. 2 und Artikel 10 Abs. 2 vorgesehenen Anzeigen erhalten hat.

ART. 12.

Sollte einer der Vertragsstaaten dieses Abkommem kündigen wollen, so soll die Kündigung schriftlich der Französischen Regierung erklärt werden, die unverzüglich beglaubigte Abschrift der Erklärung allen anderen Staaten mitteilt und ihnen zugleich bekanntgibt, an welchem Tage sie die Erklärung erhalten hat.

Die Kündigung soll nur in Ansehung des Staates wirksam sein, der sie erklärt hat, und erst ein Jahr, nachdem die Erklärung bei der Französischen Regierung eingegangen ist.

signé la présente Convention ou qui y auront adhéré, copie certifiée conforme de la notification ainsi que de l'acte d'adhésion, en indiquant la date à laquelle il a reçu la notification.

ART. 11.

La présente Convention produira effet, pour les États qui auront participé au premier dépôt de ratifications, soixante jours après la date du procès-verbal de ce dépôt et, pour les États qui la ratifieront ultérieurement ou qui y adhéreront ainsi qu'à l'égard des colonies, possessions ou protectorats non mentionnés dans les instruments de ratification, soixante jours après que les notifications prévues dans l'article 8, alinéa 4, l'article 9, alinéa 2 et l'article 10, alinéa 2, auront été reçues par le Gouvernement français.

ART. 12.

S'il arrivait qu'un des États contractants voulût dénoncer la présente Convention, la dénonciation sera notifiée par écrit au Gouvernement français, qui communiquera immédiatement copie certifiée conforme de la notification à tous les autres États en leur faisant savoir la date à laquelle il l'a reçue.

La dénonciation ne produira ses effets qu'à l'égard de l'État qui l'aura notifiée et un an après que la notification en sera parvenue au Gouvernement français.

VOEU PRÉSENTÉ PAR LA DÉLÉGATION HONGROISE.

La Conférence exprime le vœu suivant :

S'il s'agit d'un enfant confié à l'Assistance publique dans le pays de la résidence avec le consentement de l'État d'origine, ce consentement ne pourra être retiré sans de graves motifs basés sur l'intérêt de l'enfant.

AMENDEMENT DE LA DÉLÉGATION HONGROISE.

A ajouter après l'article 3 du projet autrichien :

ART. 4.

L'État dans lequel se trouve un enfant abandonné de nationalité étrangère en donnera avis à l'autorité consulaire compétente.

Tout enfant abandonné de nationalité étrangère sera, en règle générale, rapatrié sans aucun retard.

Il pourra, cependant, être retenu dans l'État où il se trouve, si cet État le demande dans l'intérêt de l'enfant, et si l'État de son origine y consent. Ce consentement, une fois donné, ne peut être retiré.

PROJET DE STATUT INTERNATIONAL

PRÉSENTÉ

PAR M. VAN OVERBERGH,

ET DISCUTÉ

PAR LA COMMISSION DE BIENFAISANCE PRIVÉE

DANS SA SÉANCE DU 19 NOVEMBRE 1912.

Entre les Puissances signataires de la présente Convention et celles qui, ultérieurement, y adhéreront, il est convenu ce qui suit :

I

Les Puissances contractantes accorderont la reconnaissance légale, chacune dans les limites de sa juridiction, aux associations et établissements étrangers d'assistance qui rempliront les conditions ci-après.

II

Les statuts de chacun de ces établissements et associations régleront :

1° La dénomination adoptée;

2° Le siège social;

3° L'objet;

4° Les diverses catégories de membres et les conditions d'entrée et de sortie;

5° Les droits, les obligations et les responsabilités des membres; sauf disposition spéciale des statuts, les membres ne seront tenus, du chef de leur souscription, qu'au montant de leur cotisation;

6° L'organisation de la direction de l'association ou de l'établissement et de la gestion des biens, les modes de nomination et les pouvoirs des personnes chargées de cette direction et de cette gestion, notamment la désignation du membre aux poursuites et diligences duquel s'exerce le droit d'ester en justice; à défaut de pareille désignation, le trésorier est le membre compétent;

7° Les conditions et les formes de la modification aux statuts, ainsi que celles de la dissolution et, dans ce cas notamment, la destination du patrimoine.

III

La publication et l'enregistrement — et, s'il y a lieu, l'approbation — des statuts se font conformément aux lois et usages du pays de résidence.

IV

Ces associations et établissements jouiront de la capacité juridique, notamment du droit d'ester en justice, de recevoir des cotisations et des subventions.

Elles pourront posséder les immeubles nécessaires à la réalisation de leur but charitable et de leur administration; elles pourront recevoir des libéralités, avec, s'il y a lieu, dans ces deux cas, l'autorisation du Gouvernement du Pays où l'association ou l'établissement a son siège.

V

Les immunités et diminutions d'impôt accordées aux Sociétés de bienfaisance qui secourent les nationaux leur sont applicables.

VI

Elles ne pourront être dissoutes — en dehors des motifs tirés de l'ordre public — que pour violation de la loi ou de leurs statuts.

Si l'association ou l'établissement n'a pas pris de décision relativement à l'attribution de son patrimoine, l'actif sera attribué par l'État d'origine à des associations ou établissements similaires.

PROJET DE LA DÉLÉGATION BELGE.

Entre les Puissances signataires de la présente Convention et celles qui, ultérieurement, y adhéreront, il est convenu ce qui suit :

ARTICLE PREMIER.

Chacune des Parties contractantes s'engage à assurer, dans les limites de son territoire, aux sujets des autres Parties, les secours établis en faveur de ses nationaux indigents par les lois concernant l'assistance.

ART. 2.

Les indigents que l'état de leur santé ou leur âge met dans l'impossibilité de pourvoir aux besoins de leur existence, les enfants orphelins ou abandonnés, les aliénés, les invalides, les incurables, les vieillards de plus de 70 ans, pourront être rapatriés sur une demande préalable, adressée par voie diplomatique d'un Gouvernement à l'autre, et après échange de vue dans chaque cas.

ART. 3.

Le rapatriement pourra ne pas avoir lieu si la continuation des secours est consentie moyennant le remboursement des frais par l'État d'origine aux conditions à convenir.

Ce remboursement pourra être fait par la Bienfaisance privée aussi bien que par l'Assistance publique.

ART. 4.

Dans l'appréciation de chacun des cas, les Gouvernements intéressés auront égard notamment à la situation de famille de l'indigent; sauf, dans les cas imposés par la nature des choses, la femme ne sera pas séparée de son mari, ni l'enfant de ses parents, etc.

ART. 5.

Si l'indigent est reconduit hors du pays, le Gouvernement du pays de résidence garantit de lui fournir les moyens nécessaires pour gagner la frontière.

A partir de cette frontière, le payement des frais de voyage sera réglé par des conventions particulières.

ART. 6.

Les Gouvernements contractants fixent, s'il y a lieu, les établissements ou les points-frontières où les indigents seront conduits en cas de rapatriement.

Le Gouvernement qui aura demandé le rapatriement en supportera les frais depuis le moment de la demande jusqu'au jour de la remise.

ART. 7.

Le remboursement des dépenses faites conformément aux articles précédents du chef de secours, d'entretien, de traitement médical ou de rapatriement d'indigents, ne pourra être réclamé ni de la Caisse de l'État auquel appartiennent ces indigents, ni de celle de la Commune, ni d'aucune autre Caisse publique du pays d'origine.

Il en sera de même, le cas échéant, des frais d'inhumation.

ART. 8.

Les Administrations qui ont fait l'avance des frais pourront en poursuivre le recouvrement devant les tribunaux du pays auquel appartient l'individu secouru, contre celui-ci ou contre d'autres personnes tenues civilement à pourvoir à son entretien.

Chacun des Gouvernements s'engage à prêter aux autres ses bons offices, dans les limites de leur législation respective, à l'effet de faciliter le remboursement de ces frais à ceux qui en ont fait l'avance.

PROPOSITIONS DE LA DÉLÉGATION FRANÇAISE.

I.

PROJET DE CONVENTION.

1

Tout étranger reçoit aux conditions ci-après dans le pays de sa résidence la même assistance que celui-ci accorde à ses propres nationaux.

2

Les dépenses entraînées par ces mesures d'assistance sont avancées par le pays de résidence. Elles sont remboursées par le pays d'origine, sous les réserves ci-dessous indiquées au présent article :

A. Il n'y a pas lieu à remboursement lorsque l'étranger qui bénéficie des mesures d'assistance justifie, à partir de l'âge de 20 ans, d'une résidence ininterrompue de trente années ;

B. Ce délai de trente ans est réduit à dix ans pour les étrangers dont les fils ont satisfait aux obligations militaires du pays de résidence ;

C. En cas de maladie, les dépenses afférentes aux dix premiers jours ne donnent pas lieu à remboursement, quels que soient l'âge du bénéficiaire et sa durée de résidence.

3

Toutes les fois qu'une mesure d'assistance aura été prise à l'égard d'un étranger, le Consul du pays d'origine doit être immédiatement avisé.

4

Chaque année, le pays de résidence présente au pays d'origine, à une date fixée en commun, le compte détaillé des avances faites et donnant lieu à remboursement. La balance des comptes est arrêtée par une Commission comprenant deux représentants de chacun des pays intéressés. Les contestations sont soumises à la décision souveraine d'un arbitre agréé par les deux États.

Sauf stipulation contraire, cette Commission se réunit dans la capitale de celui des deux pays dont la créance est la plus élevée.

5

Le rapatriement d'un étranger assisté peut être demandé par le pays de résidence au pays d'origine ou inversement. Le pays de résidence est tenu de conduire l'assisté rapatrié jusqu'à la frontière du pays d'origine au point et à la date fixée par le Gouvernement de ce dernier. Les frais du transport incombent au pays qui a réclamé le rapatriement.

6

Les Gouvernements des États contractants se réservent la possibilité d'exclure, par des traités spéciaux, de l'article premier de la présente Convention, certaines formes d'assistance.

Ils se réservent aussi de modifier par des traitements spéciaux les conditions de remboursement ou de convenir qu'il n'y a pas lieu à remboursement, soit pour diverses catégories, soit pour l'ensemble des assistés.

II.

PROJET DE STATUT INTERNATIONAL DES SOCIÉTÉS DE BIENFAISANCE AYANT POUR BUT DE SECOURIR LES ÉTRANGERS.

1

Les Sociétés de bienfaisance ayant pour but d'assister les étrangers pourront être constituées conformément aux lois, soit de l'État où elles sont créées, soit de l'État dont elles doivent secourir les nationaux.

Ainsi légalement constituées, elles fonctionneront et s'organiseront librement, sous réserve de l'application des lois de police et de sûreté du pays où elles ont leur siège et bénéficieront des avantages ci-après.

2

Elles jouiront de la capacité juridique, notamment du droit d'ester en justice, de recevoir des cotisations et des subventions.

Elles pourront, avec l'autorisation du Gouvernement de l'État où elles ont leur siège, posséder les immeubles nécessaires à leur fonctionnement et recevoir des dons et legs.

3

Les immunités et diminutions d'impôts accordées aux Sociétés de bienfaisance qui secourent les nationaux leur seront applicables.

4

Elles ne pourront être dissoutes — en dehors des motifs tirés de l'ordre public — que pour violation de la loi ou de leurs statuts.

En cas de dissolution, l'actif net sera versé à l'État dont elles secouraient les nationaux.

PROPOSITIONS DE LA DÉLÉGATION SUISSE.

Article premier. (Article 1er autrichien modifié.)

Les ressortissants indigents de chacune des Parties contractantes qui, par suite de maladie physique ou mentale, de grossesse ou d'accouchement, ont besoin de secours et de soins médicaux, seront traités, sur le territoire de toute autre Partie contractante, à l'égal des propres ressortissants de cette dernière. Ces secours et soins leur seront accordés jusqu'à ce que leur rapatriement puisse être effectué sans danger pour leur santé ou celle d'autres personnes.

Art. 2. (Art. 2 autrichien maintenu intégralement.)

Les ressortissants indigents de chacune des Parties contractantes qui, pour toute autre raison, ont besoin d'assistance, seront traités, sur les territoires de toute autre Partie contractante, à l'égal des propres ressortissants de cette dernière. Cette assistance ne leur sera cependant accordée qu'autant qu'il s'agira de pourvoir à un besoin momentané ou que l'assistance pourra être prêtée en procurant du travail.

Si le besoin d'assistance continue à subsister en dépassant la mesure fixée au paragraphe précédent, le rapatriement sera effectué.

Art. 3.

L'assistance prévue aux articles 1er et 2 comprendra, pour le moins, le logis, la nourriture indispensable; en outre, pour les malades et les femmes en couches les soins nécessaires et le traitement médical, et, en cas de décès, une sépulture convenable.

Art. 4. (Art. 3 autrichien modifié.)

L'assistance prévue aux mêmes articles ne sera accordée que s'il est établi que l'indigent est, par suite de maladie, grossesse, chômage involontaire ou autres faits survenus indépendamment de sa volonté, dans l'impuissance de pourvoir à son existence et qu'il n'obtient pas l'assistance nécessaire des personnes y obligées légalement.

Art. 5. (Nouveau.)

Toutes les fois qu'une mesure d'assistance dont le caractère ne paraîtra pas devoir être purement transitoire sera prise à l'égard d'un étranger, l'État d'origine en sera immédiatement avisé dans les formes prévues à l'article 13 ci-après.

Cet avis tiendra lieu d'une demande de rapatriement.

L'avis indiquera les nom et prénoms de l'assisté, le lieu et la date de sa naissance, et, si possible, la filiation; l'avis sera accompagné de la copie certifiée conforme d'un document attestant la nationalité ou le droit de cité (passeport, acte d'origine, acte d'immatriculation, etc.).

Art. 6. (Art. 4 autrichien modifié.)

Lorsque les secours et soins donnés à une personne assistée ne dépasseront pas deux mois à dater de la réception de l'avis prévu à l'article 5 ci-dessus, les frais de secours et de soins, ainsi que, le cas échéant, les frais d'enterrement, ne seront pas réclamés aux caisses de l'État, des provinces ou des communes, ni à aucune autre caisse publique quelconque de l'État d'origine ; ne pourront pas davantage être réclamés, dans ce cas, les frais de transport jusqu'à la frontière de l'État d'origine ni les frais de l'assistance nécessaire durant ce transport.

Dans le cas où la personne assistée elle-même ou d'autres personnes y obligées légalement en ses lieu et place sont en état de subvenir à ces frais, le remboursement en sera réclamé. A cet effet, chacune des Parties contractantes prêtera à toute autre Partie contractante l'appui admissible aux termes de la législation du pays, afin que ces frais, qui seront calculés d'après les taxes en usage, soient remboursés à qui de droit.

Art. 7. (Nouveau.)

Si, dans les deux mois à partir de la réception de l'avis prévu à l'article 5, l'État d'origine n'a pas autorisé le rapatriement, cet État sera tenu de rembourser, à partir de l'expiration de ce délai de deux mois, à l'État de la résidence, les frais d'assistance supportés par ce dernier jusqu'à l'arrivée de l'autorisation de rapatrier.

Si cette autorisation intervient avant l'expiration du délai de deux mois, mais si l'assisté n'est pas transportable, le remboursement ne sera pas dû.

Si, au contraire, l'autorisation intervient après l'expiration du délai de deux mois et si, à ce moment, l'assisté n'est plus transportable alors qu'il l'aurait été au moment de l'expiration du délai, l'État d'origine devra rembourser à l'État de la résidence les frais d'assistance dès l'expiration du délai de deux mois et jusqu'au moment où le transport sera redevenu possible.

Dans toutes les alternatives, les frais de rapatriement jusqu'à la frontière et les frais de l'assistance nécessaire durant ce transport, comme aussi, le cas échéant, les frais d'enterrement, seront à la charge de l'État de la résidence.

Art. 8. (Nouveau.)

Le délai de deux mois fixé à l'article 7 ci-dessus sera augmenté d'un mois si la correspondance postale entre le lieu de la résidence de l'indigent et la capitale de l'État d'origine nécessite plus de trois jours, et sera augmenté de deux mois si ladite correspondance nécessite plus de douze jours.

Art. 9. (Art. 5 autrichien, second alinéa modifié.)

Lorsque l'autorisation de rapatriement a été accordée, la prise en charge ne pourra être refusée, si l'arrivée du rapatrié à la frontière a été, sept jours d'avance, dûment notifiée à l'autorité compétente de son pays.

Art. 10. (Nouveau.)

S'il est désirable, dans un intérêt administratif ou de famille, que l'indigent, au lieu d'être rapatrié, soit assisté dans l'État de sa résidence, les Gouvernements intéressés peuvent se concerter pour que cet indigent y soit assisté moyennant l'envoi de subsides ou le payement des frais par l'État d'origine.

Art. 11. (Art. 5 autrichien, troisième alinéa modifié.)

Chacune des Parties contractantes accordera pour le transit sur ses territoires, les mêmes facilités et réductions de taxes que pour le transport de ses propres ressortissants indigents,

Art. 12. (Nouveau.)

À défaut d'accords spéciaux entre les États intéressés, il sera dressé un compte particulier pour chaque cas.

Art. 13. (Nouveau.)

La correspondance nécessitée par l'application des articles 5 à 12 ne se fera par la voie diplomatique qu'à défaut d'accords spéciaux introduisant la correspondance directe entre les autorités désignées à cet effet par les deux États intéressés.

Art. 14. (Nouveau.)

L'indigent qui posséderait à la fois la nationalité de l'État de sa résidence et celle d'un autre État sera considéré, au point de vue de l'assistance, comme ressortissant exclusivement à l'État de résidence.

D'autre part, l'indigent qui aurait perdu la nationalité de son État d'origine sera considéré, au point de vue de l'assistance et aussi longtemps qu'il ne sera pas devenu ressortissant de l'État de sa résidence ou d'un État tiers, comme ayant conservé sa nationalité primitive.

Art. 15. (Nouveau,)

Il n'est pas dérogé par la présente Convention au droit de chacune des Parties contractantes d'interdire l'établissement ou le séjour aux ressortissants de toute autre Partie contractante pour des motifs se rapportant à la police des mœurs ou à la police des indigents.

Art. 16. (Nouveau.)

La charge de l'assistance aux marins incombera à................?

Art. 17. (Art. 6 français modifié.)

Les Gouvernements des États contractants se réservent la possibilité d'exclure, par des accords spéciaux, du bénéfice de la présente Convention, certaines formes d'assistance.

Ils se réservent aussi de modifier par des accords spéciaux les conditions de remboursement ou de convenir qu'il n'y a pas lieu à remboursement, soit pour diverses catégories, soit pour l'ensemble des assistés.

ART. 18. (Art. 7 autrichien maintenu intégralement.)

La présente convention sera ratifiée, et les ratifications en seront déposées à Paris, dès que six États contractants seront en mesure de le faire.

Il sera dressé de tout dépôt de ratification un procès-verbal, dont une copie certifiée conforme sera remise par la voie diplomatique à chacun des États contractants.

La présente Convention entrera en vigueur six mois après la date du dépôt des ratifications.

ART. 19. (Article 8 autrichien maintenu intégralement.)

La présente Convention, qui portera la date du   , pourra être signée à Paris jusqu'au   par les Plénipotentiaires des Puissances représentées à la Conférence internationale tenue à Paris du
au   1912.

ART. 20. (Art. 9 autrichien.)

Les États non signataires sont admis à adhérer à la présente Convention. Ils notifieront leur intention, à cet effet, par un acte qui sera déposé dans les archives du Gouvernement de la République française. Celui-ci en enverra, par la voie diplomatique, copie certifiée conforme à chacun des États contractants et l'avisera, en même temps, de la date du dépôt.

Six mois après cette date, la Convention entrera en vigueur dans l'ensemble des territoires de l'État adhérent qui deviendra ainsi État contractant.

ART. 21. (Article 10 autrichien.)

Dans le cas où l'un des États contractants dénoncerait la Convention, cette dénonciation n'aurait d'effet qu'à l'égard de cet État.

La dénonciation sera notifiée par un acte qui sera déposé dans les archives du Gouvernement de la République française. Celui-ci enverra, par la voie diplomatique, copie certifiée conforme à chacun des États contractants et l'avisera, en même temps, de la date du dépôt.

Douze mois après cette date, la Convention cessera d'être en vigueur dans l'ensemble des territoires de l'État qui l'aura dénoncée.

Fait à Paris, le   , en un seul exemplaire, dont une copie certifiée conforme sera délivrée à chacune des Puissances signataires.

TROISIÈME PARTIE

RÉPONSES AU QUESTIONNAIRE

DU

GOUVERNEMENT FRANÇAIS

(SUITE)

ALLEMAGNE

(SUITE).

ANTWORTEN

AUF DAS FRANZÖSISCHE QUESTIONNAIRE.

II. TEIL.

Frage 1.

Bis zu einer Vereinheitlichung der inneren Gesetzgebungen über die öffentliche Armenfürsorge wäre es erwünscht, zu einer internationalen Vereinbarung zu gelangen, wonach den in den Gebieten der Vertragsstaaten sich aufhaltenden hilfsbedürftigen Angehörigen der anderen Vertragsstaaten die erforderliche Fürsorge nach den am Aufenthaltsorte für die eigenen Angehörigen geltenden Grundsätzen zu gewähren ist.

Als hilfsbedürftig wären anzusehen Personen, die wegen jugendlichen Alters oder Gebrechlichkeit, wegen körperlicher oder geistiger Krankheit oder als Wöchnerinnen dauernd oder vorübergehend unterstützt werden müssen. Die Unterstützung müsste sich auch auf die Ehefrau und die minderjährigen Kinder des Hilfsbedürftigen erstrecken, soweit sie mit ihm in häuslicher Gemeinschaft leben und an ihrem Aufenthaltsorte für ihren unentbehrlichen Lebensunterhalt nicht selbst sorgen können.

Wegen des Umfangs der Unterstützung wären gewisse Mindestleistungen zu vereinbaren.

Frage 2.

Als Mindestleistungen für die Unterstützung wären festzusetzen : Obdach, unentbehrlicher Lebensunterhalt, ferner für Kranke und Wöchnerinnen Verpflegung und ärztliche Behandlung, im Todesfall ein angemessenes Begräbnis.

Frage 3.

Grundsätzlich wäre daran festzuhalten, dass der Aufenthaltsstaat für die Kosten der Unterstützung selbst aufzukommen hat. Diesem Staate müsste aber überlassen bleiben, den Hilfsbedürftigen auszuweisen, sobald dessen Rückkehr in die Heimat ohne Nachteil für seine oder anderer Personen Gesundheit geschehen kann.

Ein Ersatz der durch die Unterstützung erwachsenen Kosten würde hiernach gegenüber dem Vertragsstaate, dem der Unterstützte angehört, oder gegenüber den öffentlichen Verbänden oder den Kassen dieses Staates nicht beansprucht werden können. Dagegen wären für den Fall, dass der Hilfsbedürftige selbst oder dass andere privatrechtlich Verpflichtete zum Ersatze der Kosten imstande sind, die Ansprüche an diese vorzubehalten. Auch hätten sich die Vertragsstaaten die nach der Landesgesetzgebung zulässige Hilfe zur Geltendmachung dieser Ansprüche zuzusichern.

Frage 4.

Den beteiligten Staaten wäre es zu überlassen, in geeigneten Fällen zu vereinbaren, dass die Ausweisung einer hilfsbedürftigen Person durch Zahlung der Unterstützungskosten seitens des Staates, dem er angehört, abgewendet werden kann.

Frage 5.

Aus rechtlichen und tatsächlichen Gründen erscheint es nicht angängig, die Tätigkeit der Unterstützungs-Vereine im Ausland international zu regeln und ihnen bestimmte Verpflichtungen aufzuerlegen.

Traduction effectuée par le Ministère des Affaires étrangères.

ALLEMAGNE

(SUITE).

RÉPONSES AU QUESTIONNAIRE FRANÇAIS.

DEUXIÈME PARTIE.

Question 1.

Jusqu'à l'unification des législations intérieures relatives à l'assistance publique, il serait désirable d'arriver à une entente internationale en vertu de laquelle l'assistance nécessaire serait accordée sur les territoires des États contractants aux ressortissants indigents des autres États co-contractants qui y résident, d'après les principes en vigueur à l'égard des nationaux eux-mêmes.

Il y aurait lieu de considérer comme ayant besoin d'assistance les personnes qui, vu leur jeune âge ou leurs infirmités, en raison d'une maladie physique ou mentale, ou comme femmes en couches, ont besoin d'être assistées d'une façon durable ou transitoire. Les secours devraient aussi s'étendre à la femme ou aux enfants mineurs de l'indigent, s'ils vivent avec lui sous le même toit et ne sont pas en mesure, au lieu de leur résidence, de suffire à leurs besoins indispensables.

En ce qui concerne le montant de l'assistance, on devrait s'entendre sur un minimum déterminé.

Question 2.

Comme allocation minima d'assistance, on devrait prévoir : l'abri, l'entretien indispensable, et, pour les malades et les femmes en couches, les soins, l'assistance médicale et, en cas de décès, une sépulture convenable.

Question 3.

En principe, on devrait admettre que les frais d'assistance incombent à l'État de résidence. Toutefois, cet État se réserverait le droit d'expulser l'indigent aussitôt que son retour dans sa patrie pourrait avoir lieu sans inconvénients pour sa santé ou pour celle d'autres personnes.

Le remboursement des frais résultant de l'assistance ne pourrait être réclamé à l'État contractant dont l'assisté était ressortissant, ou aux personnes publiques, ou aux caisses publiques de cet État. Par contre, au cas où l'individu ayant besoin d'assistance, ou d'autres personnes tenues à l'obligation légale de le secourir, seraient en mesure de rembourser les frais, le recours contre eux resterait réservé. Les États contractants se prêteraient d'ailleurs le concours admis par leurs législations respectives pour faire valoir ces recours.

Question 4.

Les États contractants pourraient s'entendre pour écarter l'expulsion des indigents par le remboursement des frais d'assistance de la part de l'État dont l'indigent est le ressortissant.

Question 5.

Pour des motifs d'ordre juridique et pratique, il ne paraît pas opportun de régler par voie internationale l'action des sociétés de bienfaisance à l'étranger et de leur imposer des obligations déterminées.

Traduction effectuée par le Ministère des Affaires étrangères (1).

ÉTATS-UNIS D'AMÉRIQUE.

12 juin 1912.

AU SECRÉTAIRE D'ÉTAT.

MONSIEUR,

J'ai l'honneur d'accuser réception de votre lettre du 28 du mois dernier (514. AE/9) transmettant copie d'une note datée du 18 mai, aux termes de laquelle l'Ambassade de France exprime le désir de son Gouvernement de recevoir, avant le 1er juillet prochain, les réponses de notre Gouvernement au questionnaire relatif à l'assistance des étrangers, transmis par note de l'Ambassade du 31 janvier dernier, dont copie accompagnait la lettre du Département d'État du 8 février 1912; les informations demandées seraient utiles pour aider aux travaux d'une Conférence internationale d'assistance aux étrangers qui doit se tenir à Paris le 16 novembre prochain.

En réponse à cette lettre je dois vous faire savoir que, exception faite pour les renseignements ci-dessous, il est impossible, pour les raisons indiquées, de répondre en temps voulu au questionnaire. Le Gouvernement fédéral, d'une façon générale, n'exerce aucun contrôle sur l'assistance publique aux indigents qu'ils soient étrangers ou nationaux. Les seules lois qui ont trait à cet objet sont celles relatives à l'expulsion et à l'interdiction de séjour dans le pays, des étrangers qui peuvent devenir ou sont devenus une charge publique. Le chapitre 2 de la loi du 20 février 1907, modifié par la loi du 26 mars 1910, porte :

« L'entrée des États-Unis sera interdite aux catégories suivantes d'étrangers..... ; les personnes pouvant devenir une charge publique. »

Le chapitre 20 porte :

« Tout étranger qui pénétrera aux États-Unis en violation de la loi, et ceux qui deviendront une charge publique pour une cause existant avant leur arrivée, sur un mandat du Secrétaire d'État du commerce et du travail, seront arrêtés et renvoyés dans le pays d'où ils viennent, à quelque époque que ce soit, pendant un délai de trois ans après la date de leur arrivée aux Etats-Unis. »

Le chapitre 22 porte en outre que le Commissaire général de l'Émigration, sous la direction et avec l'approbation du Secrétaire d'État du Commerce et du Travail :

« . . . prendra tels règlements, prescrira telles formes de caution, rapports, procès-verbaux et autres papiers, et donnera telles instructions non contraires à la loi, qu'il jugera les meilleures pour assurer l'exécution des prescriptions de la loi, pour protéger

(1) Voir le texte anglais dans le volume *Réponse au questionnaire du Gouvernement français*, pages 29 et suivantes.

les États-Unis et les immigrants étrangers contre toute fraude ou dommage; il aura le pouvoir de passer des contrats pour assurer l'entretien et des secours aux étrangers qui tomberaient à la charge de l'Assistance publique. »

Les règlements édictés par ce Département (le Commissaire général de l'Immigration) pour l'application de cette disposition sont les suivants :

« Tout étranger peut, nonobstant son admission, et pour des raisons reconnues valables par le fonctionnaire de l'immigration compétent, rester quelques jours dans un établissement pour immigrants en acquittant les frais. Lorsque, dans ce cas, le temps passé dans l'établissement est dû à un accident ou à la force majeure, et que l'étranger n'a pas les moyens suffisants pour acquitter les frais, le fonctionnaire de l'immigration compétent, peut, à sa discrétion, donner la même autorisation, à charge pour lui d'en donner avis immédiatement au Bureau, avec toutes justifications de la mesure prise et en demandant l'approbation de l'autorisation.

« Tout étranger qui réside légalement aux États-Unis et qui devient une charge publique par suite d'accident physique survenu après son débarquement, peut, avec son consentement et l'approbation du Bureau, être renvoyé, pendant l'année qui suit son débarquement aux frais du Gouvernement, pourvu qu'il soit remis sans aucun frais aux fonctionnaires de l'immigration, dans un port désigné. Si le renvoi de l'immigrant est accepté, les frais exposés pour son traitement dans un établissement public ou une institution charitable depuis la date de la notification à un fonctionnaire de l'immigration jusqu'à l'expiration d'une année depuis le débarquement, peuvent être payés par le Bureau à tel tarif qu'il acceptera comme raisonnable. »

De plus on a pris les dispositions nécessaires pour l'établissement aux frais de l'État d'hôpitaux sur les territoires militaires ou maritimes conservés sous le contrôle du Gouvernement fédéral, mais ces établissements n'ont pas à prêter assistance à tout le monde en général.

L'assistance publique aux États-Unis est entièrement réglementée par la législation de chaque État de l'Union dont chacun possède des lois particulières sur la matière. Aussi serait-il nécessaire, pour fournir les renseignements demandés, de passer en revue les lois de tous les États et Territoires et de rédiger un article séparé pour chacun d'eux. L'énormité de ce travail et l'impossibilité de l'exécuter en temps voulu sautent aux yeux, surtout que les lois de certains États sont fort nombreuses.

Cependant le bureau du « *Census* » de ce Département prépare actuellement un recueil des lois de tous les États concernant l'assistance publique aux indigents. Ce recueil, quand il sera complet, fournira, croit-on, exactement les renseignements désirés par le Gouvernement français. Malheureusement on estime qu'il faudra encore au moins une année de travail pour compléter cette compilation qui ne pourra être prête pour la Conférence. Les données déjà recueillies par le bureau du *Census* sont d'un caractère trop détaillé pour pouvoir servir à la Conférence. Mais on pense que l'exposé d'une partie de ceux-ci pourrait être utile et répondre au but proposé, dans une certaine mesure. Aussi le Département a-t-il fait copier les lois de deux États de l'Union — de celui de New-York, l'un des plus importants et des plus peuplés des États de l'est, et de l'Illinois qui est dans la même situation parmi les États du centre-ouest.

Ces copies sont ci-annexées. On espère qu'elles seront utiles à la Conférence, bien qu'elles ne puissent être considérées comme des types généraux des lois de ce pays en cette matière.

Il ne paraît pas possible d'examiner les questions qui seront soumises à la Conférence, d'autant plus que leur objet, comme il a été expliqué ci-dessus, n'est pas l'un de ceux sur lesquels le Gouvernement fédéral exerce un contrôle général.

Respectueusement,

Le Secrétaire en exercice.

ILLINOIS.

SOURCES : STATUTS REVISÉS DE 1908; — LOIS DE 1909.

I. — AUTORITÉS ADMINISTRATIVES ET DE CONTRÔLE.

1. Autorités publiques.

a) *Généralités.* — L'Administration de l'Assistance d'État est confiée à cinq membres nommés par le Gouverneur et confirmés par le Sénat. Un des membres doit être compétent pour donner à l'Administration tous renseignements concernant les soins et le traitement des aliénés, faibles d'esprit et épileptiques; aucun des membres, au moment de sa nomination ou ultérieurement « ne doit être directeur ni rattaché d'aucune façon à une institution soumise à l'inspection de l'administration ».

L'Administration exerce le contrôle exécutif et administratif sur tous les établissements de charité d'État et a le droit d'entretenir un institut psychopathique d'État.

L'Administration est chargée d'inspecter et de contrôler les secours à domicile, les hospices, les asiles privés pour enfants, les orphelinats et les maternités et en outre inspecte, contrôle et autorise tous les établissements où une personne peut être retenue pour soins ou traitement nécessités par une maladie mentale ou nerveuse; nomme les administrateurs ou directeurs des établissements d'assistance de l'État et, dans les conditions prévues par la loi sur les services civils, tous les autres employés desdits établissements, de l'Institut psychopathique d'État et de l'Administration ».

Sur la plainte d'au moins deux citoyens honorables, l'Administration peut visiter et inspecter toute société, institution ou association de bienfaisance qui fait appel aux secours publics ou est subventionnée sur des fonds mis en dépôt et adresser un rapport au Gouverneur sur son mode d'administration et son utilité. Elle s'enquiert également de la façon dont les aliénés sont soignés; règle l'admission des malades et des pensionnaires dans les hôpitaux d'État et à l'école d'État Lincoln pour enfants faibles d'esprit et possède tous les pouvoirs généraux du Conseil des administrateurs de la colonie pour les épileptiques guérissables. Tout établissement doit être visité au moins une fois par trimestre par un membre de l'Administration. Il visite les enfants placés dans des familles et a des pouvoirs de surveillance et de contrôle en cas de création d'association pour les soins à donner aux enfants pauvres, abandonnés ou criminels. L'Administration est tenue d'adresser chaque année un rapport au Gouverneur et de faire tous autres rapports que celui-ci peut demander.

Au moins une fois par an l'Administration est tenue de réunir en conférence les inspecteurs et directeurs des différentes institutions et les membres de la Commission de bienfaisance en vue d'étudier les moyens de sauvegarder la tutelle de l'État. Une Commission de bienfaisance se composant de cinq membres est nommée de la même manière que le Conseil d'administration. La Commission est chargée de contrôler « tout le système des institutions de bienfaisance publique, d'en examiner la situation et l'administration, notamment des hôpitaux d'État, prisons et hospices et les fonctionnaires placés à la tête de ces institutions sont tenus de fournir tous les renseignements qu'elle désire. La Commission peut contrôler l'installation, l'administration et les règlements de toutes les institutions et organisations relevant de la surveillance et du contrôle du Conseil d'administration et est tenue d'inspecter toute institution de bienfaisance d'État à la demande du Gouverneur et de faire un rapport à son sujet ».

La Commission de bienfaisance peut réunir des conférences de fonctionnaires des institutions de bienfaisance de l'État, du comté et des communes et des agents responsables de la gestion des fonds publics employés pour secourir et entretenir les indigents, ainsi que des conseils d'inspecteurs des institutions et d'inspecteurs de comté en vue d'étudier les moyens les plus pratiques pour assurer l'assistance publique aux indigents et autres questions semblables. Les plans d'hospices, etc., doivent être soumis au Conseil d'administration pour être examinés et éventuellement améliorés. L'Administration fait un rapport annuel au Gouverneur.

L'administration de chacune des institutions de bienfaisance d'État est confiée à un conseil de trois membres qui doivent être nommés par le Gouverneur avec l'approbation du Sénat. Chaque conseil a la surveillance générale de l'institution dont il a la charge avec autorité pour l'organiser et pour assurer la discipline parmi les fonctionnaires, employés et pensionnaires.

Le Gouverneur, avec l'approbation du Sénat, nomme un conseil de trois inspecteurs dont l'un doit être une femme, pour chaque institution de bienfaisance d'État. Chaque conseil est tenu d'exercer un contrôle effectif sur l'institution pour laquelle il a été nommé au moyen de fréquentes visites et d'adresser un rapport écrit à la Commission de bienfaisance dans les dix jours qui suivent cette inspection. Le Conseil adresse également à la Commission de bienfaisance un rapport général annuel sur l'œuvre accomplie par lui.

Le Directeur général de l'Instruction publique est tenu de visiter celles des institutions de bienfaisance d'État qui ont le caractère d'établissements d'instruction et d'examiner les ressources dont elles disposent pour l'instruction et les directeurs de ces institutions sont tenus de lui faire des rapports sur des questions d'éducation dans les formes prescrites par lui.

b) *Organisation locale.* — *Particularités.* — Dans les comtés qui ont une organisation municipale les « *supervisors* » des villes sont d'office les « *overseers* » (inspecteurs) de ces villes; excepté dans les villes de 4,000 habitants ou plus où, sur la demande écrite des « *supervisors* » le conseil de comté peut nommer un « *overseer* » (inspecteur).

Dans les comtés qui n'ont pas d'organisation municipale, le conseil de comté désignera telle personne qu'il en jugera digne dans chaque district pour être « *overseer* » (inspecteur) des indigents dans ce district. Les « *overseers* » ont la charge d'assurer l'assistance à tous les indigents qui sont, pour une cause indépendante de leur volonté, hors d'état de gagner leur vie et ne sont pas secourus par leurs parents et par le bureau de bienfaisance.

Le Conseil des *Supervisors* du comté a la charge générale des indigents du comté. Il peut prendre à sa charge un Bureau de bienfaisance et prescrire les règles et règlements qui le régissent et peut nommer un agent qui ait le contrôle général sur l'autorité du Conseil de toutes les questions concernant les soins et les secours à donner aux indigents du comté. Le juge de comté dans chaque comté peut nommer un Conseil d'inspecteurs composé de six membres qui sont chargés de visiter les Institutions du comté qui recueillent les enfants pauvres et abandonnés et en prennent soin.

Tout hôpital municipal est sous la direction et le contrôle d'un conseil de trois directeurs nommés par le maire de la ville avec l'approbation du conseil municipal (*city council*).

II. — ASSISTANCE AUX INDIGENTS.

1. — Personnes ayant droit à l'assistance.

Deux systèmes d'assistance aux indigents sont pratiqués dans l'Illinois : le système municipal et le système du comté. Dans le premier, les villes sont responsables de l'assistance aux indigents légalement domiciliés sur leur territoire.

Dans le second, ce sont les comtés qui ont cette responsabilité.

Une personne qui est incapable de gagner sa vie pour une raison indépendante de sa volonté, qui ne possède pas de moyens suffisants pour vivre, qui n'a pas de parents légalement tenus et capables de lui venir en aide et qui a son domicile légal dans une ville, doit être assistée soit par la ville, soit par le comté.

Pour avoir droit à l'assistance aux frais de la ville ou du comté, une personne indigente doit y avoir résidé sans interruption pendant un an; autrement son entretien doit être mis à la charge de la ville ou du comté où elle a résidé en dernier lieu pendant ce laps de temps et où elle peut être transportée aux frais de cette ville ou de ce comité. Toute personne qui sciemment amène et laisse dans un comté quelconque de l'Etat un indigent qui n'y est pas légalement domicilié est passible d'une amende de 100 dollars.

Un indigent non résident peut en cas de maladie ou de dénuement recevoir le secours temporaire que les *overseers* jugeront approprié, le comté paie les frais les plus indispensables qui peuvent être recouvrés sur les parents de l'indigent ou sur le comté dans lequel il avait son domicile légal.

Les parents suivants sont, s'ils possèdent des moyens suffisants, tenus, dans l'ordre indiqué, de venir en aide à un indigent : enfants, père et mère, frères et sœurs, petits-enfants et grands-parents. Une femme mariée n'est, du vivant de son mari, tenue de venir en aide à un parent que dans le cas où elle possède des biens personnels. Toute personne qui tombe dans l'indigence par suite d'intempérance ou de toute autre mauvaise habitude n'a droit qu'aux secours de ses père et mère ou enfants.

L'abandon d'un enfant âgé de moins d'un an par le père ou la mère, le tuteur ou toute autre personne ayant légalement la garde de cet enfant est punissable comme coupable de crime (*felony*).

2. — Formes de l'assistance.

Les indigents des différents comtés sont en général recueillis dans des hospices subventionnés par les Conseils de *supervisors* du comté. Les différentes municipalités des comtés où chaque ville se charge de ses indigents peuvent assurer l'assistance à ceux-ci dans les hospices de comté en payant la taxe fixée par le Conseil des *supervisors* du Comité. Les agents du comté, inspecteurs des indigents et gérants des hospices doivent tenir un registre de toutes les personnes assistées et la comptabilité des frais.

Si le comté n'a pas d'hospice, les inspecteurs sont autorisés avec l'approbation des autorités de la ville ou du comté à assurer l'assistance aux indigents. L'inspecteur peut accorder un secours temporaire sans que le bénéficiaire soit confié aux soins d'une personne ou institution quelconque. Les inspecteurs adressent des rapports au Conseil des « censeurs » municipaux ou, si le comté est responsable, au Conseil de comté.

III. — CATÉGORIES RECEVANT DES SOINS PARTICULIERS.

1. — Enfants.

Tout enfant du sexe masculin âgé de moins de 17 ans ou tout enfant du sexe féminin âgé de moins de 18 ans qui pour une raison quelconque est abandonné et vagabond, qui est réduit à faire appel à la bienfaisance publique, qui mendie ou reçoit des aumônes, qui n'a plus les soins de ses parents ou d'un tuteur ou qui est trouvé en compagnie de personnes de mauvaise vie et réputation, et tout enfant âgé de moins de 10 ans qui fait du colportage, qui vend un article quelconque, qui chante ou joue sur un instrument quelconque dans la rue pour gagner de l'argent ou qui donne une représentation publique quelconque ou y prend part, est déclaré enfant indigent ou abandonné.

Les tribunaux de district et de comté des différents comtés sont compétents dans tous les cas se rattachant à la situation de ces enfants et ont autorité pour placer tel ou tel de ces enfants sous la garde d'une personne responsable, de moralité irréprochable, en lui donnant les instructions nécessaires pour placer l'enfant dans telle ou telle famille qui lui paraîtra convenir à la situation ou peuvent confier l'enfant à telle ou telle institution d'État organisée pour recueillir les enfants abondonnés, ou à telle ou telle école industrielle ou pratique, ou à telle ou telle association ayant pour objet, entre autres, de s'occuper de ces enfants et de leur trouver une famille. Chaque fois qu'un enfant est confié à une institution ou association, le tribunal désigne un employé de cette institution ou association comme tuteur de la personne de l'enfant.

Les enfants abandonnés confiés aux écoles industrielles doivent être pourvus des vêtements convenables par le comté qui paie également pour leur instruction et leur entretien.

Le tribunal confiera les enfants autant que possible aux bons soins et à la garde d'une personne ayant la même religion que les parents de l'enfant ou d'une association contrôlée par des personnes de même croyance religieuse.

Le tribunal a qualité pour placer un enfant abandonné dont l'état réclame des soins médicaux dans un hôpital public où il sera traité ou dans une institution privée qui consentirait à le recevoir et à le soigner sans frais pour les autorités publiques.

Le Conseil des Commissaires de comté ou le Conseil des *supervisors*, suivant le cas, dans chaque comté, a qualité pour fonder et entretenir un asile spécial pour la garde temporaire d'enfants abandonnés. Pour chacun de ces asiles il sera nommé par le juge de comté un inspecteur et une directrice, l'un des deux devant être compétent pour instruire les enfants dans les matières d'enseignement prévues pour le « huitième degré » des écoles publiques. L'asile doit être aménagé à cet effet et dirigé autant que possible comme un *family house* et une école publique. L'inspecteur fait un rapport annuel aux Commissaires de comté ou au Conseil des *supervisors* et doit fournir à ces conseils ou au juge de comté tous renseignements qu'ils pourront exiger concernant l'asile.

Toute institution de bienfaisance d'État qui se charge d'un enfant abandonné par les parents ou toute autre personne qui en a la garde légale devient le tuteur légal de cet enfant à l'exclusion de la personne qui l'a abandonné. Tout père ou toute mère ou toute personne ayant la tutelle légale d'un enfant qui sciemment contribuera à créer les circonstances qui feront de cet enfant un enfant abandonné est coupable d'un délit. Toute jeune fille confiée à une école industrielle pourra être placée dans la famille d'un bon citoyen par les fonctionnaires de l'institution ou confiée à une personne honorable qui voudra l'adopter, ou mise en apprentissage jusqu'à sa majorité, ces fonctionnaires conservant une mission de surveillance sur cette enfant.

Des dispositions de loi analogues concernent les jeunes garçons confiés aux écoles pratiques. Les deux catégories d'écoles exercent leurs élèves à des travaux utiles.

Tout enfant âgé de moins de 16 ans qui mendie ou qui est totalement ou en partie à la charge du comté ou de la ville peut être engagé comme apprenti, commis ou domestique jusqu'à sa majorité, par les Inspecteurs des indigents avec le consentement du juge de comté ou de district. Il est pourvu, dans une certaine mesure, à l'instruction de ces enfants.

Les juges de comté sont autorisés à enlever à la garde des tenanciers de fermes pour indigents tous les enfants âgés de moins de 14 ans qui n'ont ni parents ni tuteurs légaux en vie quand on peut trouver de bonnes familles pour ces enfants.

Les enfants pauvres des cinq asiles du comté doivent être autorisés à fréquenter les écoles de district de l'État, leur instruction étant payée par le comté.

2. — Malades.

Tout comté ou toute ville peut contribuer aux frais d'entretien de tout hôpital public, pour malades ou infirmes, situé sur son territoire, et les villes constituées en corps politiques de moins de 100,000 habitants sont autorisées à fonder et entretenir des hôpitaux de ce genre. Tous les indigents résidant ou non dans cette ville ou ce comté qui tomberont malades ou seront blessés sur le territoire ont droit aux soins et traitement dans ces hôpitaux.

Les villes, villages et comtés sont autorisés à fonder des sanatoriums gratuits spéciaux pour le traitement de leurs ressortissants atteints de tuberculose.

Tous les indigents domiciliés sur le territoire de l'État qui sont atteints de maladies des yeux ou des oreilles ont droit à des consultations gratuites et au traitement médical et chirurgical dans les cliniques d'État pour maladies des yeux et des oreilles.

Tous les indigents que des médecins diplômés ont déclaré avoir été mordus par des animaux atteints de la rage ou être, pour telle autre raison, en danger d'infection rabique, sont envoyés pour y être traités dans tel établissement désigné par le Conseil de santé de l'État. L'État paye les frais de traitement, tandis que le comté paye les frais de déplacement. Les indigents atteints d'épilepsie sont traités gratuitement dans l'établissement d'État pour épileptiques.

Le pouvoir législatif a autorisé le Gouverneur à nommer une Commission chargée d'étudier la création d'un Institut chirurgical où les enfants paralytiques de parents indigents seraient traités aux frais de l'État, mais cet établissement n'a pas encore été créé.

3. Infirmes.

a) *Aveugles.* — Toutes les personnes du sexe masculin de plus de 21 ans et toutes les personnes du sexe féminin de plus de 18 ans qui sont aveugles et qui ont résidé sur le territoire de l'État sans interruption pendant dix années consécutives, et dans leurs comtés respectifs pendant les trois années qui précèdent leur demande de secours, qui ne sont pas à la charge d'une institution de bienfaisance et qui n'ont pas un revenu annuel dépassant 250 dollars, peuvent recevoir, si les commissaires du comté ou le Conseil des *supervisors* le jugent à propos, une somme de 150 dollars par an, tant qu'ils résident dans le comté.

Les aveugles de l'État ont également droit à être admis à l'Asile de l'État pour les aveugles, où on leur enseigne divers métiers qui leur permettent de gagner leur vie.

b) *Sourds-muets* — Les sourds-muets de l'État ont droit aux soins et à l'instruction aux frais de l'État, à l'école pour sourds-muets.

c) *Faibles d'esprit.* — Les indigents faibles d'esprit résidant sur le territoire de l'État sont soignés et inscrits gratuitement à l'école de l'État pour faibles d'esprit; mais aucune femme ni aucun enfant faible d'esprit ne peut être soigné dans un hôpital ou asile du comté, si le traitement de ces cas est prévu dans les établissements de l'Etat.

d) *Aliénés.* — Les indigents aliénés, qui sont dangereux pour eux-mêmes et pour le public s'ils sont laissés en liberté, ou qui ont besoin d'un traitement, sont internés dans un hôpital ou asile d'aliénés et traités aux frais de l'État. L'Administration est tenue de provoquer le transfert des aliénés des hospices dans les hôpitaux de l'État, pourvu que, dans les comtés de plus de 150,000 habitants, ce transfert ne soit pas fait tant que les comtés de moins de 150,000 habitants n'auront pas été desservis dans ce but et tant que les comtés de plus de 150,000 habitants n'auront pas transféré leur asile d'aliénés avec son installation en faveur de l'État et que celui-ci ne l'aura accepté.

Lorsque l'État a assuré complètement les soins à donner aux aliénés, nul aliéné ne peut être confié aux soins du comté tant qu'il y a de la place dans les établissements de l'État.

L'Administration règle les conditions d'admission des malades et pensionnaires dans les hôpitaux de l'État pour aliénés.

L'État paye tous les frais de traitement et d'entretien des indigents aliénés dans les hôpitaux. Jusqu'au moment où l'État prend à sa charge tous les aliénés de l'État, les frais d'habillement, de transport et dépenses accessoires sont payés par le comté qui envoie le malade, mais après cette date tous les frais occasionnés par ces malades sont supportés par l'État. L'Administration de l'État peut placer un pensionnaire d'un hôpital d'État pour aliénés dans une famille qui lui paraîtra présenter les conditions voulues, à condition toutefois que le malade soit visité au moins une fois tous les trois mois par un représentant de l'Administration.

Les pensionnaires sont autorisés à correspondre en toute liberté avec les membres du conseil d'administration de la Commission de bienfaisance et avec certains autres fonctionnaires.

Tout hôpital d'État doit assurer, aussi promptement que possible, le renvoi des pensionnaires de l'hôpital ainsi que la continuation des soins médicaux gratuits après renvoi.

4. Soldats, matelots, etc.

Les soldats et marins, renvoyés pour une cause honorable, qui ont servi dans l'armée ou la marine des États-Unis pendant les guerres civile, du Mexique ou hispano-américaine qui ont été confiés à l'État, ceux qui ont résidé dans l'État pendant les deux années précédant immédiatement leur demande et qui, à la suite de blessures ou de maladies, sont devenus incapables de gagner leur vie, ont droit à l'admission dans la maison de retraite des soldats et marins.

La femme d'un pensionnaire de la maison a également droit à l'admission, à condition que son mariage avec le pensionnaire ait eu lieu avant le 1er janvier 1890 et qu'elle soit âgée d'au moins 50 ans.

Les mères, épouses, veuves et filles de soldats ou de marins renvoyés pour une cause honorable, qui ont servi dans l'armée ou la marine des États-Unis, peuvent être admises à la maison pour veuves de soldats, à condition qu'elles aient des moyens de subsistance suffisants et soient hors d'état, par suite d'une infirmité mentale ou physique, de gagner leur vie.

Les inspecteurs des indigents sont tenus de se procurer les sommes d'argent qui peuvent être nécessaires, lesquelles seront fournies par le chef et le *quartermaster* d'un corps de troupe quelconque de la *Grand Army* de la République ou d'un corps de vétérans de la guerre d'Espagne, pour venir en aide aux soldats et marins indigents et malheureux qui ont servi pendant les guerres civile, hispano-américaine ou des Philippines ou la révolte des Boxers en Chine, et à leurs familles ainsi qu'aux familles indigentes de vétérans décédés, à condition que les personnes bénéficiant du secours aient leur résidence dans l'État depuis un an au moins.

Un asile pour orphelins de soldats a été prévu pour recevoir les enfants indigents de pères décédés ou indigents et infirmes qui ont servi dans l'armée ou dans la marine des États-Unis. Ceux de ces enfants qui sont âgés de moins de cinq ans doivent être recueillis les premiers, ensuite, si l'installation prévue est suffisante, on peut recueillir les garçons jusqu'à l'âge de 14 ans et les filles jusqu'à l'âge de 16 ans; les enfants confiés à l'asile peuvent être placés par le Directeur dans certaines maisons privées qui lui paraissent présenter les garanties voulues.

Les soldats et marins indigents, ainsi que les familles de ces derniers, ne doivent pas être envoyés dans un hospice ou orphelinat quelconque sans le consentement du chef et de la commission des secours du corps de troupes de la *Grand Army* de la République ou du corps des vétérans de la guerre d'Espagne ou de l'armée des Philippines compétent dans le cas en question.

IV. — INSTITUTIONS PRIVÉES.

Les associations privées ayant pour objet de veiller sur les enfants abandonnés sont soumises à l'inspection et au contrôle de l'Administration et à l'inspection de la Commission de bienfaisance. Avant qu'un enfant puisse être confié aux soins de cette association, celle-ci est tenue de se constituer légalement, ce qu'elle ne peut faire qu'après que sa demande a été favorablement accueillie par l'Administration.

Les écoles industrielles privées pour filles ou garçons sont pareillement soumises à l'inspection et au contrôle de l'Administration et à l'inspection de la Commission de bienfaisance. Elles ne peuvent être reconnues légalement que sur le consentement écrit du Gouverneur, après enquête faite par l'Administration.

Toute association ou institution de bienfaisance de l'État faisant appel à l'aide du public ou alimentée par des fonds sociaux peut, sur la plainte de deux citoyens honorables, être visitée et inspectée par l'Administration qui fait un rapport au Gouverneur sur son administration et son utilité.

Toutes les institutions privées ayant pour objet le traitement des personnes atteintes de maladies mentales et nerveuses, qui recueillent et gardent ces personnes sans leur consentement, doivent posséder une autorisation de l'Administration, sont soumises à l'inspection et au contrôle de celle-ci, ainsi qu'à l'inspection de la Commission de bienfaisance, et doivent leur adresser tous les rapports qu'elles jugent nécessaires.

NEW-YORK.

SOURCES. — LOIS CODIFIÉES DE L'ÉTAT DE NEW-YORK.

I. — AUTORITÉS ADMINISTRATIVES ET DE CONTRÔLE.

1. — Autorités publiques.

a) *Généralités.* — L'assistance aux indigents est, en premier lieu, entre les mains des inspecteurs du comté (*county superintendents*) et inspecteurs de la ville (*town overseers*) qui sont choisis par les électeurs, avec cette réserve que les *overseers* peuvent être choisis par un conseil municipal. Dans les villes de la deuxième catégorie, les *overseers* sont nommés par le Commissaire de bienfaisance, pour le temps qu'il juge à propos. Dans *Greater New-York,* les Commissaires de bienfaisance publique, qui nomment des délégués et des auxiliaires, exercent les fonctions d'Inspecteurs des indigents. Le Conseil des *supervisors* dans les comtés et les autorités locales dans les villes, décident de la construction des hospices, hôpitaux, etc.

Le Bureau de bienfaisance de l'État a le contrôle général de toutes les institutions de bienfaisance. La Commission d'État pour les aliénés « est chargée de l'exécution des lois relatives à la garde et au traitement des aliénés, à l'exclusion des faibles d'esprit, des épileptiques et des idiots », qui sont sous le contrôle du Bureau de bienfaisance d'État.

Le Commissaire pour l'instruction est chargé de visiter et d'inspecter « toutes les institutions ayant pour objet l'instruction des sourds-muets et des aveugles et de toutes les institutions similaires », et de faire un rapport à leur sujet au Pouvoir législatif. La Constitution prescrit également l'inspection des établissements pour sourds-muets et pour aveugles par le Bureau de bienfaisance d'État.

Le Contrôleur d'État a autorité « pour prendre connaissance et faire le contrôle des dépenses faites pour le compte des établissements pour sourds-muets et pour aveugles ».

« La Commission des prisons d'État visitera et inspectera tous les établissements destinés à la détention des adultes sains d'esprit, comme criminels, témoins ou débiteurs, à l'exception des maisons de correction qui sont soumises à la visite et à l'inspection du Bureau de bienfaisance d'État. »

L'Inspecteur (*supervisor*) financier de la bienfaisance d'État, nommé par le Gouverneur et confirmé dans ses fonctions par le Sénat, est tenu de visiter chacun de ces établissements au moins deux fois par an et d'examiner la situation de tous leurs biens et tout ce qui concerne la gestion financière, de se faire adresser les rapports et devis par l'Économe ou tel autre employé de l'Économat de chaque établissement, de les reviser et approuver et de les soumettre au Contrôleur; de faire des rapports deux fois par an au Gouverneur et une fois au Pouvoir législatif.

L'Association auxiliaire de la bienfaisance d'État, organisation privée reconnue par l'État, peut, sur demande adressée à la Cour suprême, se voir octroyer le droit de visiter et d'inspecter toutes les institutions de bienfaisance publique ou tout hôpital d'État pour les aliénés ou hospice et adressera des rapports au Bureau de bienfaisance d'État et à la Commission d'État pour les aliénés.

Le Bureau de bienfaisance d'État se compose de douze membres, un pour chaque district judiciaire de l'État et trois pour la ville de New-York, nommés par le Gouverneur et confirmés dans leurs fonctions par le Sénat. L'absence d'un membre à trois réunions consécutives du Bureau, si elle n'est excusée par un vote formel, peut être considérée par le Gouverneur comme équivalant à la démission.

Le Bureau doit visiter, inspecter et contrôler toutes les institutions, sociétés ou associations qui ont pour objet l'assistance ou l'amélioration d'autrui, qu'elles relèvent de l'État ou de la Commune, qu'elle soient constituées légalement ou non, qui sont soumises à son contrôle par la constitution ou par la loi. Il est chargé de conseiller les employés de ces institutions dans l'accomplissement de leurs fonctions — et ces conseils doivent être suivis, — de faire des enquêtes sur la situation des indigents qui sollicitent des secours et de proposer les mesures à prendre pour assurer l'envoi de ces secours. Le Bureau approuve ou désapprouve l'organisation ou la constitution de toutes les institutions de bienfaisance soumises à son contrôle. Il établit les règlements pour la réception et la garde des pensionnaires de toutes ces institutions. Il exécute les lois relatives à l'assistance et au transfert des indigents de l'État et étrangers et à l'assistance des Indiens indigents.

Lorsqu'ils procèdent à une enquête, les commissaires ont qualité pour recevoir une prestation de serment, citer des témoins à comparaître, exiger la production des pièces et exercent les mêmes pouvoirs en ce qui concerne ces opérations que les arbitres nommés par la Cour suprême.

Le Bureau peut renvoyer dans l'État ou le Comté d'où il vient tout indigent « non-résident » ou étranger, trouvé dans une institution de l'État et peut, avec l'approbation écrite du Gouverneur, transférer des pensionnaires d'une institution dans une autre.

Le Bureau de bienfaisance fait un rapport annuel au Pouvoir législatif.

Le Bureau de bienfaisance d'État passe un contrat avec les autorités de quinze Comtés ou villes au plus pour la réception et l'assistance dans les hospices de ces Comtés ou villes, des indigents de l'État qui peuvent être confiés à ces hospices et établira les règles et règlements pour les soins à donner à ces indigents. Ces hospices sont connus sous le nom d'hospices d'État. Les Inspecteurs (*Superintendents*) du Comté ou les fonctionnaires exerçant des pouvoirs analogues prennent les mesures nécessaires pour que les indigents soient conduits à l'hospice d'État le plus proche en transmettant tous les témoignages recueillis à cette occasion, avec un état vérifié des dépenses faites, à l'Inspecteur des indigents de l'État et étrangers. Le Bureau de bienfaisance contrôle et fait payer par le Trésorier de l'État les dépenses qui ont été dûment engagées.

L'Inspecteur des indigents de l'État et étrangers, nommé par le Bureau de bienfaisance, est chargé de s'occuper d'une manière générale des indigents n'ayant pas résidé soixante jours dans un comté quelconque pendant l'année qui précède la demande de secours. L'Inspecteur d'État remplit les mêmes fonctions à l'égard des indigents de l'État que les Inspecteurs du comté à l'égard des indigents du Comté. Il inspecte chaque hospice d'État au moins une fois tous les trois mois et tous les hospices où se trouvent des Indiens indigents au moins une fois par an. Si un pensionnaire d'un hospice devient aliéné, l'Inspecteur d'État provoque son transfert à l'hôpital d'État pour les aliénés.

L'Inspecteur fait admettre les enfants indigents de l'État, âgés de moins de 16 ans, à moins qu'ils ne soient confiés à leur mère, dans l'orphelinat qui lui paraît approprié, les dépenses devant être payées par le Trésorier d'État. Il peut engager un orphelin ou enfant indigent de l'État comme commis, apprenti ou domestique.

Tout Indien indigent est entretenu aux frais de l'État.

Le Bureau de bienfaisance de l'État passe un contrat avec les fonctionnaires compétents du Comté sur le territoire duquel des Indiens résident pour l'entretien dans les hospices de ceux d'entre ces Indiens qui peuvent leur être confiés.

Aucun hospice ne peut être construit, ou reconstruit en totalité ou en partie, si ce n'est sur des plans approuvés par le Bureau de bienfaisance de l'État.

Si le Bureau de bienfaisance d'État ou trois membres quelconques de ce Bureau estiment qu'un point quelconque dans les affaires d'un hospice réclame une enquête légale ou une démarche quelconque, il peut en être donné avis à l'Attorney général, qui prend les mesures qui lui paraissent nécessaires.

b) *Particularités.* — Chaque Comté dans l'État, à l'exception de Kings, Queens et Richmond, élit un ou plusieurs Inspecteurs des indigents qui sont chargés de s'occuper en général des indigents de leurs Comtés respectifs, assurent l'installation et l'entretien des hospices quand ils en reçoivent l'ordre du Conseil des *Supervisors* du Comté, établissent des règlements qui doivent être approuvés par le Juge du Comté en ce qui concerne la discipline des indigents dans les hospices, et, à moins que le Conseil des *Supervisors* ne s'en charge, désignent les gérants des hospices et prennent toutes mesures intéressant la bonne administration des hospices, tranchant les questions concernant l'admission de toute personne, bien qu'il puisse être fait appel, pourvoient aux secours nécessaires à domicile, tirent sur le Trésorier du Comté pour toutes les dépenses nécessaires, contrôlent les comptes et font des rapports aux *Supervisors* et au Bureau de bienfaisance de l'État.

Le Conseil des *Supervisors* peut limiter les dépenses de l'Inspecteur et peut l'instituer gérant de l'hospice.

Chaque ville élit un ou deux *overseers* des indigents, bien que chaque ville puisse décider que l'*overseer* sera nommé par le Conseil municipal.

Ces *overseers* assurent la distribution des secours temporaires à domicile aux indigents de leurs villes respectives, conformément aux règlements du Conseil des *Supervisors* ou du Conseil municipal, ou s'il n'existe pas de règlements semblables, après approbation du *Supervisor* de la ville ou ratification par l'Inspecteur des indigents.

Les *overseers* peuvent envoyer un indigent dans un hospice et, s'il n'y a pas d'hospice dans le Comté, délivrent un bon de secours hebdomadaire ou autre.

Les *overseers* font leur rapport au Conseil municipal, celui-ci fait le sien aux Inspecteurs du Comité et ceux-ci font le leur au Bureau de bienfaisance de l'État.

Ces dispositions sont applicables aux *overseers* des indigents dans les villes, à moins que la loi n'en ait expressément disposé autrement.

Les indigents malades et infirmes, demandant un traitement médical ou chirurgical, peuvent être envoyés, dans toute ville ou tout Comté, dans un hôpital dûment reconnu, qui payera les sommes estimées nécessaires pour le traitement.

Dans « Greater New-York » les Commissaire de la Bienfaisance publique sont les *overseers* des indigents et sont chargés de s'occuper des aliénés, faibles d'esprit, malades, infirmes et incapables, l'un d'eux exerçant son autorité dans les districts de Manhattan et Bronx, un autre dans Brooklyn et Queens et un autre dans Richmond.

Ils peuvent chacun nommer un délégué et des auxiliaires dans les limites où le Bureau des estimations et de la répartition le jugera convenable et nécessaire.

Les Commissaires ont les pouvoirs exercés par les *superintendents* et *overseers* des indigents dans les autres Comtés et aussi, dans une large mesure, ceux des Conseils de *supervisors,* bien qu'ils dépendent du Conseil chargé des estimations et distributions pour leurs évaluations. Ils peuvent établir par un vote à la majorité les règles et règlements généraux pour l'administration de leur département et le fonctionnement des institutions placées sous l'autorité des différents Commissaires.

2. — Institutions privées.

Toutes les institutions, sociétés, associations qui ont pour objet l'assistance ou l'amélioration morale d'autrui, constituées légalement ou non, sont soumises au contrôle du Bureau de bienfaisance de l'État. Il peut approuver ou désapprouver l'organisation ou la constitution de ces institutions ainsi que le prévoit la loi,

La réception ou la garde des pensionnaires de ces institutions doit avoir lieu conformément aux règles établies par le Bureau de bienfaisance. Certaines de ces institutions reçoivent une partie de leurs ressources sous la forme d'allocations de l'Etat, du Comté, de la commune ou de la ville alors que d'autres reçoivent des pensionnaires qui leur sont envoyés par les agents de l'Assistance, les frais d'entretien de ces pensionnaires étant payés par les autorités de l'État ou locales.

II. — ASSISTANCE AUX INDIGENTS.

1. — Personnes ayant droit à l'assistance.

Une personne qui ne peut subvenir elle-même à ses besoins et qui a une résidence légale dans la localité où elle demande l'assistance, doit être assistée par la commune, la ville, le Comté ou l'État, conformément aux dispositions des lois.

Le domicile légal est acquis par le fait pour une personne adulte et les membres de sa famille qui n'ont pas de domicile distinct, par le fait d'avoir séjourné un an dans une commune ou dans une ville. Les mineurs ont un domicile distinct par le fait qu'ils se sont mariés et ont une résidence distincte de celle des parents, qu'ils sont en apprentissage ou ont loué leurs services pour un an. Le domicile de la femme est en général celui de son mari et le domicile d'un enfant est celui de son père, si celui-ci est vivant, dans le cas contraire celui de la mère; mais aucun enfant né dans un hospice n'acquiert de domicile du fait de son lieu de naissance.

La décision des Inspecteurs du Comté quant au domicile est définitive à moins qu'il ne soit fait appel devant le tribunal du Comté.

Nul n'est renvoyé comme indigent d'une ville ou commune dans l'autre; il est assisté par la commune à laquelle il appartient. Une personne qui n'a pas de domicile légal peut être assistée par le Comté où elle réside ou, si elle a résidé moins de soixante jours dans une année dans un Comté quelconque de l'Etat, elle peut être considérée comme indigent de l'État et être recueillie dans un hospice de l'État.

La mère d'un enfant naturel qui n'est pas en état de subvenir à ses propres besoins et tout enfant naturel après sa naissance sont assistés de la même manière que les autres indigents.

Les soldats ou marins pauvres ou indigents résidant dans l'État depuis un an et leur famille ou les familles de ceux qui sont décédés ne sont pas envoyés dans un hospice mais sont assistés à domicile, autant que possible, et les sommes qui peuvent être nécessaires sont procurées par les agents compétents de la *Grand Army* de la République, le compte en étant tenu par le Commis de la commune, de la ville ou du Comté et un corps de la *Grand Army* prenant un engagement en bonne et due forme de s'acquitter pleinement de son devoir d'assistance. Les soldats ou marins qui n'ont pas de famille peuvent être envoyés dans une maison de retraite spéciale pour soldats. Le Comté assure une somme qui ne doit pas dépasser 50 dollars pour les frais d'enterrement d'un soldat ou marin renvoyé pour une cause honorable ou de la femme ou veuve d'un soldat ou marin épousée par lui avant 1890. La tombe d'un soldat ou marin est marquée par une pierre convenable qui ne doit pas coûter plus de 15 dollars.

Les *overseers* des pauvres ou autres agents chargés de l'assistance publique dans les différents Comtés peuvent envoyer à l'Institut Pasteur de la ville de New-York toutes les personnes que des médecins diplômés déclarent avoir été mordues par un animal enragé ou être en danger d'infection rabique. Les frais de l'Institut Pasteur jusqu'à concurrence de 100 dollars par malade sont supportés par la commune, la ville ou le Comté où réside le malade. Les frais de transport et autres sont payés par le Comté.

2. — Formes de l'assistance.

Il est donné des secours à domicile et il est fait usage des hospices par les Comtés, communes et villes; les hôpitaux, asiles et diverses institutions sont également entretenus par l'État et les municipalités et par des organisations privées autorisées par le Bureau de bienfaisance de l'État. Parmi ces institutions sont les asiles d'aliénés, les hôpitaux, spécialement pour enfants et malades tuberculeux, les maisons de correction, qui n'ont pas un caractère nettement pénal, pour jeunes gens et femmes, les asiles pour idiots, épileptiques, faibles d'esprit, etc., les refuges pour jeunes filles et femmes, les institutions pour soldats et marins indigents, pour leurs femmes, enfants, mères et veuves et pour les infirmières militaires, les écoles pour sourds-muets et aveugles, les écoles industrielles et commerciales, les hôpitaux pour enfants infirmes et contrefaits, etc. Ces institutions sont sous le contrôle du Bureau de bienfaisance de l'État, de l'Inspecteur de l'Instruction, de la Commission pour les aliénés, etc., et sont principalement entretenues par l'État bien que dans certains cas elles soient autorisées à recevoir des donations et des pensionnaires payants.

L'admission dans ces institutions a lieu sur ordre d'un magistrat, sur recommandation d'un « *superintendant* », « *overseer* » ou d'un autre agent de l'assistance ou sur remise faite par les parents, amis ou tuteurs ou dans certains cas sur demande personnelle.

La préférence est donnée aux indigents et il est fait effort pour assurer une assistance égale pour tous les districts de l'État.

Le Bureau de bienfaisance de l'État autorise des dispensaires à assurer aux personnes qui en font la demande des soins médicaux, et à leur fournir des remèdes en se conformant aux règles et règlements établis par le Bureau, inspecte ces dispensaires et supprime leur autorisation, quand il y a abus. Aucun dispensaire ne peut fonctionner sans autorisation spéciale.

Toutes les personnes âgées, affaiblies par l'âge et faibles d'esprit, qu'il n'y a pas strictement lieu d'envoyer dans les hôpitaux pour aliénés sont sous le contrôle du Bureau de bienfaisance d'État qui peut autoriser des institutions à s'occuper d'elles; elles peuvent y être admises sur demande personnelle, appuyée par le certificat de deux médecins de bonne réputation ou sur demande des parents, amis ou tuteurs légaux.

Les *superintendents* des indigents des différents Comtés peuvent confier les indigents faibles d'esprit et idiots qui ont résidé dans l'État pendant un an à l'asile d'État « Rome » et à d'autres institutions et ils peuvent ainsi que les autorités chargées de l'assistance dans une ville quelconque envoyer les épileptiques à la colonie « Craig » pour épileptiques.

La maison de retraite pour soldats et marins de l'État de New-York est sous la direction et le contrôle d'un Conseil de Fideicommissaires nommés par le Gouverneur et confirmés dans leurs fonctions par le Sénat dont le Gouverneur, l'Attorney général et le Commandant du Département de New-York pour la *Grand Army* de la République sont membres d'office.

La maison de retraite est exempte de tout contrôle de la part du Bureau de bienfaisance d'État, tout en restant soumise à ses visites et inspections.

La maison de retraite de l'État de New-York pour les vétérans âgés et sans ressources et leurs femmes, mères et veuves et pour les infirmières militaires est sous l'autorité d'un Conseil d'administrateurs qui est chargé de toutes les affaires de l'Institution et dont la majorité est composée de membres de la *Grand Army* de la République et le *woman's relief corps*.

III. — CATÉGORIES RECEVANT DES SOINS SPÉCIAUX.

1. — Enfants.

Les lois concernant les soins à donner aux enfants sont très considérables.

Si l'enfant est abandonné et âgé de moins de 16 ans il ne doit pas être envoyé dans un hospice ou s'il a été arrêté pour une raison quelconque en compagnie d'adultes inculpés d'un crime ou condamnés. L'abandon complet d'un enfant ou le manquement volontaire à lui assurer la nourriture, vêtements ou refuge est un délit.

Le fait de se charger sans autorisation d'un enfant âgé de moins de douze ans est un acte délictueux et toute personne ayant la charge d'un enfant qui néglige de déclarer le fait que cet enfant a une inflammation d'un œil ou des deux yeux ou qui viole toute autre disposition de la loi s'expose à des poursuites. Toute personne qui volontairement permet que la vie d'un enfant soit mise en danger ou que sa santé soit compromise, ou que son caractère se déprave, ou un tuteur qui omet de veiller comme il convient sur un enfant, se rend coupable d'un délit.

Le fait de permettre à des enfants de rester dans une salle de bal, un salon-concert, un théâtre, etc., sans être accompagnés par leurs parents ou tuteurs, ou de jouer à un jeu de hasard dans une salle de jeu, ou d'avoir des spiritueux ou du tabac, etc., est un délit. Beaucoup d'emplois sont interdits aux enfants.

Les enfants pauvres âgés de moins de 16 ans doivent être recueillis dans des familles, orphelinats, hôpitaux ou autres institutions appropriées pour recevoir des enfants avec cette réserve qu'un enfant peut rester avec sa mère, si elle est pensionnaire d'un hospice, jusqu'à l'âge de 2 ans.

Quand un enfant est envoyé dans un asile ou une maison « d'amélioration », cela doit être autant que possible dans un établissement dont les administrateurs ont la même religion que les parents de l'enfant.

Toute personne non chargée légalement de cette œuvre ou une association non inscrite qui entreprend de placer au dehors un enfant abandonné, directement ou non, sans autorisation du Bureau de bienfaisance d'État, est coupable de délit. D'autre part, aucun agent ne peut placer un enfant au dehors dans une famille ne résidant pas dans l'État.

L'adoption d'un enfant doit être approuvée par le juge ou le substitut du comté, après audition de toutes les personnes dont le consentement est nécessaire, à l'exception des administrateurs d'une institution inscrite qui peuvent donner leur consentement par un acte dûment signé et muni de leur sceau.

Les enfants pauvres de l'État sont recueillis dans les orphelinats ou engagés comme commis, apprentis ou domestiques.

Les sociétés constituées des orphelinats participent à la distribution des allocations scolaires et sont soumises à l'inspection par les fonctionnaires locaux de l'Instruction publique.

L'inspecteur de l'Instruction doit assurer les moyens de s'instruire à tous les enfants indiens de l'État et ceux âgés de 6 à 16 ans qui y sont aptes physiquement et intellectuellement doivent fréquenter l'école. Il détermine également l'admission des élèves dans les institutions de l'État pour sourds, muets, aveugles et sourds-muets.

L'État entretient de nombreuses institutions pour enfants, y compris celles pour enfants faibles d'esprit, infirmes et contrefaits, sourds, muets, aveugles, abandonnés, et il y a de nombreuses institutions locales et privées qui sont subventionnées sur les fonds publics.

2. — Aliénés.

L'État entretient quatorze hôpitaux pour aliénés qui sont sous le contrôle de la Commission chargée des aliénés.

Les aliénés sont confiés à une institution en vertu d'un ordre donné par un juge d'une Cour d'appel ou un juge de la Cour suprême, sur la production d'un certificat d'aliénation mentale, délivré par deux experts aliénistes, et après un interrogatoire. Aucun idiot n'est enfermé dans un hôpital de l'État. Les médecins chargés de l'examen doivent être qualifiés comme tels par un certificat d'un juge d'une Cour d'appel. Les dispositions de la loi concernant la procédure à suivre pour déterminer s'il y a aliénation mentale, sont très détaillées et de nature à prévenir toute conclusion erronée. Le père, la mère, l'époux, la femme et les enfants d'une personne aliénée, s'ils ont des ressources suffisantes, et le curateur ou le gardien de sa personne et de ses biens, si ses biens sont suffisants à cet effet, sont chargés de subvenir à ses besoins comme il convient. La Commission pour les aliénés et les autorités de l'assistance peuvent faire une enquête sur la manière dont tel aliéné est entretenu et, si elles ne sont pas satisfaites, peuvent demander qu'il soit confié à un hôpital de l'État, les frais étant prélevés sur ses biens. Toutes les autorités chargées d'une fonction quelconque en ce qui concerne les indigents, doivent veiller à ce que tous les aliénés indigents, dans leurs districts respectifs, soient convenablement soignés et envoyés dans un hôpital d'État. Les malades peuvent être envoyés dans un hôpital d'État pour homéopathie si le désir en est exprimé.

La Commission d'État pour les aliénés peut étudier le cas de toute personne internée comme aliénée ou faire une enquête dans toute institution pour les aliénés ou donner à telle de ces institutions un ordre qui, s'il est approuvé par un juge de la Cour suprême, doit être exécuté.

Toute personne internée comme aliénée a droit, sur demande faite par la personne qu'il appartient, à une ordonnance d'*habeas corpus*, quand le fait de son aliénation a été vérifié.

Le *superintendant* d'un hôpital d'État peut, sous certaines conditions, renvoyer un malade, sauf s'il est inculpé d'un délit, auquel cas une intervention judiciaire est de rigueur.

La Commission peut renvoyer tout malade indûment interné, à son avis.

3. — Tuberculeux.

Il existe des dispositions spéciales pour les personnes atteintes de tuberculose. Il y a un hôpital d'État pour le traitement de ces malades et le conseil des *supervisors* d'un comté est autorisé à fonder, par vote à la majorité, un hôpital de comté. L'hôpital d'État est administré par un conseil de cinq fideicommissaires, dont deux doivent être des médecins, nommés par le Gouverneur et confirmés dans leurs fonctions par le Sénat. Le Bureau de bienfaisance contrôle l'institution. Toute personne qui a été citoyen de l'État pendant un an et toute personne du sexe féminin, bien que non citoyen, qui a résidé dans l'État pendant cinq ans et qui n'a pas les moyens de payer peut être admise, sur demande adressée aux autorités locales de la ville, de la commune ou du comté où elle réside, si, après avoir été examiné par un médecin, le requérant est trouvé atteint d'un commencement de tuberculose pulmonaire. Si le requérant est à une phase tellement avancée de la maladie que tout traitement devient inutile, il n'est pas admis. Tous les frais de traitement doivent être supportés par les autorités du lieu où le malade résidait au moment de l'envoi de sa demande. Des malades peuvent être admis à titre privé s'il y a de la place.

IV. — RÉGLEMENTATION DES INSTITUTIONS PRIVÉES.

Ces institutions doivent obtenir une autorisation du Bureau de bienfaisance d'État, reçoivent les malades en se conformant aux règles et règlements établis par ce Bureau et sont soumises à son inspection.

Tout comté, toute ville ou commune, tout village peut assurer l'entretien et l'instruction des pensionnaires des orphelinats, contribuer à l'entretien des asiles pour enfants abandonnés ou des établissements de correction, sous un contrôle public ou privé. Ces allocations ne sont pas obligatoires, mais admissibles, pourvu que les pensionnaires soient recueillis conformément aux règles du Bureau de bienfaisance d'État.

Le Conseil chargé des estimations et répartitions de la ville de New-York est autorisé à subventionner sur les recettes de l'accise les institutions de bienfaisance qui octroient gratuitement aide et assistance aux indigents.

Dispositions générales. — Toute personne qui sciemment fait venir d'une localité étrangère un indigent dans cet État, dans l'intention d'obtenir dolosivement son entretien par l'État, est passible d'une amende de 50 dollars et est tenue de conduire cet indigent hors de l'État ou de subvenir à ses besoins et se rend coupable d'un délit.

Une action peut être introduite devant un tribunal compétent en vue de recouvrer les frais d'assistance à une personne dite indigente qui a des biens ou décède en laissant des biens. Tout Indien, résidant dans l'État, qui est indigent est assisté aux frais de l'État. Le Bureau de bienfaisance de l'État passera un contrat avec les agents compétents du comté où réside l'Indien en vue de lui donner assistance.

Chacune des institutions d'État est tenue d'adresser des rapports au Contrôleur du fisc et sous le contrôle d'un conseil de sept directeurs nommés par le Gouverneur avec le consentement du Sénat.

Le Gouverneur, le Président du Bureau de bienfaisance et le Contrôleur du fisc ou la majorité d'entre eux approuvent ou rejettent les plans ou indications pour la construction, la modification, la réparation ou l'amélioration des bâtiments ou du matériel pour toute institution d'État relevant du Contrôleur du fisc.

Tous les achats pour le compte des institutions d'État relevant du Contrôleur du fisc doivent être payés comptant ou au plus avec un crédit de trente jours. Aucun agent ne doit avoir d'intérêt quelconque dans un article de fourniture.

Le père, la mère et les enfants d'un indigent incapable de subvenir à ses besoins doivent, s'ils ont des ressources suffisantes, l'assister et l'entretenir d'une manière qui doit être approuvée par les Inspecteurs des indigents. Un petit-fils est tenu de venir en aide à des grands-parents.

Le Conseil des Directeurs et des Fideicommissaires de chaque institution d'État relevant du Contrôleur du fisc doit se réunir tous les mois à l'institution dont il est chargé, la visiter et l'inspecter et faire daus le délai de dix jours un rapport écrit au Gouverneur, au Bureau de bienfaisance d'État et au contrôleur du fisc, rapport qui doit être signé par chaque membre. Quand une épidémie de maladie contagieuse ou infectieuse règne parmi les Indiens sur un point quelconque de l'État, les inspecteurs des indigents de la ville où se trouvent ces Indiens peuvent, en se conformant aux règles et règlements adoptés par l'Inspecteur sanitaire d'État, faire assurer, aux frais de l'État, à tout Indien indigent les soins médicaux et les remèdes ainsi que la nourriture pendant toute la durée de la maladie.

GRANDE-BRETAGNE.

(SUITE.)

Questions 16 et 17.

See Chapter XXIII of General Consular Instructions (annexed).

Questions 18 et 19.

The answer is in the negative in both cases.

At many places abroad Charitable Funds have been instituted by private subscription for the relief of Distressed British Subjects. Assistance is given to these funds in certain cases where the Societies incur expenditure for repatriation which would otherwise fall on His Majesty's Government.

MEMORANDUM

BY THE LOCAL GOVERNMENT BOARD.

Apart from voluntary charitable organisations public assistance in this country is for the most part afforded under the Poor Law system. The English statutes dealing with the subject have not been codified. They are very numerous and extend over the last two hundred years. It would be impossible therefore to give within the scope of this memorandum the texts of these statutes but a useful summary of the various branches of the law will be found in Parts III-V of Volume I of the Majority Report of the Royal Commission on the Poor Laws, a copy of which is annexed to this memorandum.

It will be born in mind that the Poor Law in England does not distinguish between the national and the alien.

QUESTIONNAIRE.

PART I.

I

ASSISTANCE AUX NATIONAUX.

Question 1.

Public assistance to nationals is given :

a) By elected Boards of Guardians formed for areas (unions) prescribed by, and acting under regulations made by the Local Government Board, or their predecessors, the Poor Law Board and the Poor Law Commissioners.

b) By public health authorities, who have power to provide institutional treatment for persons suffering from infectious diseases.

c) By local education authorities, who have power to provide food, and in some cases medical assistance, for children attending school.

d) By the State, which provides through local pension committees a pension for persons aged 70 years and upwards whose income is below a certain limit and who are not aliens.

e) By Distress Committees under the Unemployed Workmen Act, 1905 who are empowered to provide work for unemployed persons. The Act however is only a temporary one and in recent years has been renewed annually.

f) Very large amounts are disbursed in charitable relief to all classes of poor by societies and associations having no official position.

Question 2.

I. — *a*) Generally a destitute person is entitled to relief from the board of guardians in whose union he is at the time of needing relief.

If however he has a settlement in another union he may be removed by the guardians to that union. In practice the guardians of the union of settlement, to obviate the need for removal, frequently accept the charge of the case and reimburse the relieving guardians all expense incurred on the case.

b) An old age pension is payable at any place in the United Kingdom.

c) Questions of settlement are not material in the cases (*c*) and (*d*) mentioned in reply to 1 above.

II. — *a*) Enquiry as to the presence of destitution is made generally speaking by Boards of Guardians through their relieving officers.

b) In the case of the public health authorities who provide for persons suffering from infectious disease the assistance afforded may be regarded as ancillary to the segregation of the individual in the interests of the community.

c) In some districts special « care » committees attached to the schools of the local education authority enquire into the position of children appearing to require assistance.

d) An application for an old age pension is made on a prescribed form and the statements there made are verified by an officer appointed by Government, and representing the Imperial Exchequer. The application is then considered by a local pension committee, either the applicant or the pension officer having a right of appeal to the Local Government Board.

III. — Contributions in anticipation of assistance are not required in any of the cases mentioned, but Boards of Guardians have certain rights of recovery from relatives of the persons relieved by them.

Question 3.

Relief given by Boards of Guardians may be either institutional or domiciliary, and if the latter may be either in food, in money, or in both, or again in the provision of nursing or of medical assistance.

An order for institutional relief may be made for a period in the first instance not exceeding twenty-seven weeks, an order for domiciliary relief similarly for a period not exceeding fourteen weeks. The order in either case is renewable.

See earlier replies as to the nature of the relief given by other relieving authorities.

Question 4.

a) Boards of Guardians are required by law to relieve every case that is in fact one of destitution, but are themselves the judges of its presence or absence; and, subject to the regulations of the Local Government Board, of the form in which relief may be given. Subject to the legal right of a destitute person to relief there is no appeal from the decision of the Guardians to any other authority and the Local Government Board are prohibited from interfering for the purpose of ordering relief in any particular case.

In the case of a refusal of an application for an old age pension an appeal lies to the Local Government Board.

Questions 5 et 6.

So far as regards compulsary insurance against sickness and unemployment see the National Insurance Act, 1911.

As regards voluntary insurance, apart from the work of insurance companies proper, much has hitherto been done by the registered friendly societies, each working under its own rules, and in a smaller way by local and other provident societies, dividing societies, &c.

The position of these organisations is of course materially affected by the National Insurance Act.

GENERAL CONSULAR INSTRUCTIONS.

CHAPTER XXIII.

REPATRIATION OF DISTRESSED BRITISH SUBJECTS.

1. The greatest circumspection is required in dealing with the relief of distressed British subjects at the public expense. Such relief should be afforded only in cases of proved necessity. It should be refused to persons who make a profession of begging; their stories must be carefully examined and tested.

Applicants for relief must be required to give reasonable proof that they are British subjects.

2. The primary object with which relief should be afforded is to enable distressed persons to return to the United Kingdom. It should not, as a rule, be granted when they desire *merely* to remove from one place abroad to another place abroad.

When they are sent home their journeys should be paid, at the cheapest rate, to some port in England. As they become chargeable to a parish immediately on their landing in England their expenses are not paid beyond the port of arrival. A through ticket to London can sometimes be obtained at a smaller cost than to the port of arrival. Advantage should, of course, be taken of this facility in the cases of persons born in London.

Money should not be handed to them, except in very small amounts, sufficient to provide food on the way.

No charge for luggage is admissible, unless in peculiar circumstances.

In exceptional cases where there is no direct communication whith the United Kingdom, or where the adoption of a circuitous route would result in economy, a Consular officer is permitted to send distressed British subjects to some intermediate Consular post, but he should in each instance be careful to advise the officer at such post of their arrival, and explain his reasons for having sent them. No money must be given to them in anticipation of expenditure at the intermediate post.

3. If a Consular officer finds it necessary to administer food and medicine, or to supply clothing, the money he may so disburse should be paid against receipts duly taken; it should not be intrusted to the parties themselves unless no other course is practicable, and then only in very small amounts.

4. Consular officers must clearly understand that reimbursement of any expense incurred by them for relieving distressed Bristish subjects is contingent on their showing :

1° That relief has been granted in the last resort as being the only means to prevent the applicant from remaining absolutely destitute in a foreign country;

2° That every effort has been made, by recourse to local charitable agencies or other available sources, or where British subjects have been in domestic or other employment, by application to their employers, to prevent any expense falling on public funds; and

3° That, where there is any reason to suppose that the persons relieved have relatives or friends in a condition to repay the expenses incurred, the officer has made every effort, without success, to recover the money from such relatives or friends.

5. While a Consular officer may, under the general authority given to afford relief in deserving cases, enter such expenditure in his quarterly account under a separate heading, the necessary sanction will only be granted on his forwarding, either separately when the relief is given, or collectively at the end of the quarter, full reports of every case. These reports should explain the circumstances under which the persons relieved quitted the United Kingdom, should explain the grounds on which they applied for relief as paupers, should detail the steps taken in each case. and should furnish satisfactory evidence that the officer complied, to the best of his ability, with the instructions.

6. As a general rule no payments are made by Consular officers on account of British Colonial subjects except under authority from the Governor of the Colony to which such persons belong, and the officer must therefore apply to the Colonial authorities before giving relief.

Exceptions to this rule exist as regards certain British Colonies, vhere the local Governments have accepted the responsibility of repaying expenses incurred on behalf of distressed natives. India also comes within this category.

The conditions upon which natives of such Colonies, the Channel Islands and India, may be repatriated at the public expense are set forth below under separate heads, and Consular officers must be careful to see that these conditions are fulfilled before relief is granted.

Reimbursement of payments on account of Colonial subjects must be claimed from the Colonial Governments.

AUSTRALIA.

The Commonwealth Goverment accept responsibility on condition :

1° That relief is confined to applicants who are native-born Australians;

2° That claims are limited :

a) To repayment of money expended for maintenance for such time only as will enable the distressed person to procure a passage to some Australian port;

b) To the cost of such passage at lowest rate obtainable;

3° That no relief is to be afforded except to persons who are deserving of assistance.

CANADA AND CEYLON.

With respect to Canada and Ceylon, Consular officers may assist natives of these Colonies on the same terms as natives of the United Kingdom. As regards Canada, however, the permission to assist Canadians is not accorded to Consular officers in the United States of America.

The High Commissioner for Canada in London is authorized to settle any claims for which he may deem the Canadian Government to be liable.

CHANNELS ISLAND.

The authorities of Jersey and Guernsey are prepared to defray the expenses of the repatriation from France of distressed inhabitants of those islands, but, as the determination of the status of a *bonâ fide* inhabitant is a matter of some complexity, definite sanction for such expenditure will only be given in each case after the authorities have satisfied themselves on this point.

In cases of applications for relief from natives of Jersey and Guernsey Consular officers should first communicate with the Lieutenant-Governor of the island concerned, furnishing him with the fullest particulars obtainable concerning the applicants, and before making any disbursements on their account they sould await the decision of the Colonial authorities, with whom they should eventually adjust their accounts by direct correspondence.

INDIA.

British Indian subjects can be relieved under the following conditions :

A Consular officer must in every case, before incurring any expense as regards the provision of a passage to India, communicate either direct with the Government of India, or, through the Foreign Office, with the Secretary of State for India, whichever may be most convenient, in order to obtain the necessary authority for the expenditure.

When authority has been granted, an undertaking should be required from the applicant that he or she will return at once to India. The applicant should then be provided, if there be direct communication by sea with India from any port in the Consular district, with the cheapest direct passage. If there should be no direct communication, the applicant should be forwarded to the nearest Consulate on the direct route to India, whence he should be dispatched with the least possible delay.

Reasonable expenditure incurred in either case will be defrayed out of the revenues of India. Expenditure in assisting Indians to pass from one port to another, except under the conditions above stated, will not be allowed.

When it appears to the Consular officer necessary to telegraph for instructions, the telegram should be addressed to the Secretary of State for India through the Foreign Office, or to the Government of India, as may be found most economical.

Reasonable proof must in every instance be given to the Secretary of State or the Government of India as to the nationality of the person relieved, and a full report must be furnished detailing the steps taken by the Consular officer, and giving satisfactory evidence that he has taken all the precautions prescribed in this chapter relating to the relief of distressed British subjects.

It must be distinctly understood that no authority is given to Consular officers to afford temporary relief in the way of maintenance without previous sanction, except in cases where, in the exercise of their discretion, such relief appears to be absolutely necessary, and where the withholding of it would result in the death of the distressed person.

In the term « British Indian subjects » natives of Ceylon, the Straits Settlements, Mauritius, or of any other country not under the administration of the Government of India, are not included. Care must consequently be taken to ascertain precisely the nationality of claimants.

MALTA.

Consular officers are authorized by the Colonial Government to relieve at the rate of 10 *d.* a-day, and repatriate at the lowest rate, all really distressed British subjects born in Malta. Where there is no direct service to Malta, a third-class fare should be taken to the nearest port of embarkation, and the resident Consular officer should be requested to procure for the person assisted on his arrival a direct passage, at the lowest rate, to Malta, but not to any other destination.

Before acting on this authority, Consular officers must be most careful to have proof that the applicant is a British subject born in Malta by means of the production of a Maltese passport or other satisfactory evidence of birth and parentage.

In cases which are not perfectly clear and free from doubt, Consular officers are forbidden to incur expense without previous reference to, and authority from, the Government of Malta; they must submit to the Colonial Government for decision the alleged name of the applicant's birthplace in Malta, the names of his relatives in the island, and other details throwing light on his identity and the validity of his claim.

The Government of Malta are also prepared to consider special cases of distressed British subjects whose parents were born in Malta, but who were not themselves born there. In these cases evidence of the parents' place of birth and the reasons which may influence the Government of the island in favour of a departure from the general rule should be submitted for consideration before any liability is incurred.

It should be borne in mind that persons who, though the may have been born in Malta, are the children of English soldiers or other persons not permanently domiciled in that island, are not relieved at the cost of the Colony unless they have themselves been permanently domiciled therein.

Periodical bills may be drawn on the Maltese Government for expenses incurred in the repatriation of distressed Maltese.

MAURITIUS.

In Mauritius the Local Government repays to a Consular officer the expenses of the repatriation of distressed natives, or persons naturalized as British subjects in the Colony, but desires that whenever it is practicable Consular officers should communicate with them before availing themselves of the powers.

WEST INDIES.

Consular officers should not lose sight of the fact that the British West Indian Colonies have declined to bear the cost of the repatriation of distressed British West Indian subjects unless the consent of the Governor of the Colony is previously obtained in each case, and that in cases where such consent is not obtained they must refuse relief. Consular officers are authorized, however, to give relief sufficient for the necessaries of life, pending the receipt of a reply to any such reference to the Governor of a Colony. And in urgent cases, in which the withholding of all relief would result in the death of the distressed person, the distressed person may be returned to his Colony without previous reference to the Governor, as the British West Indian Colonies are prepared to repay the cost of repatriation in such exceptional cases.

In repatriating distressed British West Indian subjects Consular officers should remember that Jamaica is in no sense an administrative centre for the other islands, nor in any way liable to receive and maintain their paupers.

Consular officers should, whenever possible, repatriate such Colonial subjects direct to their respective Colonies.

In cases where this is impossible, and it is found necessary to send them to Jamaica or to any other Colony or to England *en route*, provision must, at the same time, be made for sending them on to their own Colony with the least possible delay.

7. Relief to seafaring persons, other than masters, is dealt with solely by the Board of Trade.

8. Whenever a Consular officer has reason to believe that a recipient of relief is only in temporary distress, he must obtain from him a receipt in the form given in the annex to this chapter, with a view to the recovery of the expenditure incurred.

ANNEX TO CHAPTER XXIII.

Form of receipt.

I HEREBY acknowledge to have received from *A. B.*, British at , acting on behalf of His Britannic Majesty's Government, the sum of as an advance for the purpose of

and I undertake and promise to repay the said sum on (demand or on such date as may be fixed).

THE following supersedes the section entitled « Transvaal » on page 219 of the General Consular Instructions, and the Circular of the 11th September 1909, concerning the relief and repatriation by His Majesty's Consular Officers of distressed subjects of the Union of South Africa :

UNION OF SOUTH AFRICA.

« Consular Officers on receiving application for repatriation or relief from a subject of the Union of South Africa should report the circumstances of the case by telegram to the Governor-General of the Colony without delay.

« They will be at liberty to use their discretion as to granting temporary relief, but only during the period which elapses between the dispatch of the telegram and the receipt of a reply from the Government of the Union.

« The grant of relief by Consular Officers in such cases should in no circumstances include repatriation, as to which the decision will rest wholly with the Government of the Union.

« The above instructions apply only to those cases in which the Consular Officer considers temporary assistance at the expense of the Union Government to be necessary or desirable. »

Traduction effectuée par le Ministère des Affaires étrangères (1).

GRANDE-BRETAGNE.

1re PARTIE.

I

ASSISTANCE AUX NATIONAUX.

MÉMOIRE DU «HOME OFFICE» AU SUJET :
A) DES ALIÉNÉS. — B) DES ENFANTS ASSISTÉS.

a) *Aliénés (fous furieux, déments non dangereux, idiots, épileptiques).*

La loi anglaise actuelle ne contient de dispositions spéciales que pour deux catégories de personnes atteintes d'aliénation mentale :

1° Les fous (*lunatics*);

2° Les idiots et les imbéciles (*idiots and imbeciles*).

Les lois relatives à ces deux classes d'individus sont les « *Lunacy acts* » de 1890 et 1891 et l'« *Idiots acts* » de 1886.

Par le terme folie (*lunacy*) on désigne tous les degrés de démence, c'est-à-dire les affections mentales non congénitales; par le terme idiotie (*idiocy*) on désigne, d'une façon générale, toute forme d'aliénation mentale congénitale; l'imbécilité (*imbecility*) est une subdivision de l'idiotie (*idiocy*) et indique un moindre degré de maladie mentale.

Les fous, les idiots et les imbéciles sont les trois seules catégories actuellement visées par la loi : les indigents atteints d'affections mentales qui ne sont pas envoyés dans les asiles d'aliénés ou les établissements pour idiots et imbéciles sont traités comme les autres indigents; ils sont internés dans les « *work houses* » (maisons de travail pour les pauvres) ou habitent avec leurs parents ou amis et reçoivent des secours à domicile.

Des modifications à la législation actuelle sont à l'étude en vue d'édicter des dispositions plus complètes et meilleures en ce qui concerne les individus atteints

(1) Voir le texte anglais dans le volume contenant les réponses au questionnaire du Gouvernement français, pages 117 et suivantes.

d'aliénation mentale, insuffisamment protégés par les textes en vigueur, en particulier cette catégorie d'individus connus sous la dénomination de faibles d'esprit (*feeble minded*) dont la maladie, en général, est moindre que celle des fous, des idiots et des imbéciles. Un des principes de la nouvelle législation sera le suivant : l'état mental de l'individu et non son indigence sera le véritable fondement de son droit à l'assistance par l'État. Cette assistance sera séparée de celle de la loi sur les pauvres (*Poor law*) et ne sera pas assurée par les autorités chargées d'appliquer cette dernière loi; elle sera confiée à des autorités spécialement désignées à cet effet.

En ce qui concerne les points spéciaux indiqués dans le questionnaire :

Question 1.

Les autorités locales, c'est-à-dire le conseil de comté et le conseil du bourg de comté (*county borough*) est légalement obligé d'entretenir des asiles publics pour le traitement des aliénés indigents de son ressort. Le conseil fait exercer ses pouvoirs par un comité appelé « comité de visite » (*visiting committee*). Les dépenses pour l'établissement et l'entretien des asiles sont couvertes par des taxes du comté ou du bourg de comté.

Lea frais d'entretien, dans un asile, d'un aliéné indigent sont supportés par les « Tuteurs des pauvres » (*Guardians of the poor*) de l'Union d'où l'aliéné a été envoyé à l'asile ou à laquelle il appartient.

L'État a fait abandon du produit de certaines taxes aux conseils de comté; le conseil paye, aux « Tuteurs des pauvres », 4 shillings par semaine pour chaque aliéné indigent à la charge de l'Union et enfermé dans un asile.

Le « comité de visite », en plus de la surveillance des asiles pour indigents aliénés, peut passer des contrats avec les directeurs d'asiles privés ou maisons de santé en vue de l'internement et de l'entretien des aliénés indigents dans ces établissements; il peut également passer des contrats avec des autorités locales pour obtenir l'usage de leurs asiles publics.

Les indigents aliénés peuvent aussi, en certains cas, être renvoyés des asiles chez des parents, amis ou des personnes honnêtes. Dans ce cas, l'autorité locale paye aux personnes qui ont pris la charge de l'aliéné une pension pour son entretien. L'État contribue indirectement à ces frais comme dans le cas où l'aliéné indigent est interné dans un asile. Mais ce mode d'entretien des aliénés indigents n'a pris que très peu d'extension en Angleterre et dans le pays de Galles.

Par application de l'« *Idiots Act* » de 1886, un petit nombre d'établissements pour idiots et imbéciles ont été spontanément créés. Les « Tuteurs des pauvres » ont le droit d'envoyer les idiots et imbéciles des « *work houses* » dans ces établissements. Les « Tuteurs » supportent la dépense de l'internement des indigents idiots envoyés dans ces institutions, exactement comme les frais faits pour les aliénés indigents. L'Etat paye indirectement la même contribution de 4 shillings par personne et par semaine. Mais la plupart des indigents idiots et imbéciles, quand ils sont internés, le sont dans les asiles de fous ou dans les « *work houses* ». Un grand nombre d'entre eux vivent avec leurs parents et reçoivent des secours à domicile. Ils sont alors visités chaque trimestre par le médecin des pauvres de l'Union du district où ils résident.

Question 2.

Un indigent fou est reçu dans un asile sur ordonnance émanant d'un juge de paix, dénommée « ordonnance sommaire de réception » (« *a summary reception order* »). Cette ordonnance est prise lorsqu'il s'agit :

a) D'un fou insuffisamment gardé, traité cruellement ou abandonné;

b) D'un fou vagabond;

c) D'un fou enfermé dans un « *work house* » dont l'état mental exige le transfert dans un asile;

d) D'un fou ayant besoin de secours quoique ne rentrant pas dans les cas visés à *a*, *b* et *c*, dont l'état mental exige le transfert dans un asile.

Dans les cas indiqués sous *a* et *b* l'aliéné est traité comme indigent, à moins que, ou jusqu'au moment où, des amis ou des parents payent pour lui les tarifs fixés pour les malades particuliers ou le fassent tranférer dans un asile privé.

En ce qui concerne *c*, un fou ne peut être enfermé dans un « *work house* » sans que le médecin de cet établissement ne certifie qu'il peut y être maintenu, en tenant compte de l'état du malade et des places disponibles et sans qu'une ordonnance ne soit rendue, dans un délai de quatorze jours, par un juge de paix, autorisant l'internement.

En ce qui concerne *d*, le juge de paix ne peut rendre une ordonnance que si on lui prouve que le fou reçoit des secours à domicile ou vit de telle façon qu'il faut lui porter assistance dans son propre intérêt.

Quand un indigent fou est envoyé dans un asile ou quand un fou, enfermé dans un établissement de ce genre, devient indigent, les frais de son entretien sont supportés par les « Tuteurs » de l'Union d'où il a été envoyé, à moins que, ou jusqu'au moment où il est établi qu'il appartient à une autre Union.

Les parents des aliénés indigents sont tenus de contribuer aux frais de l'entretien dans un asile, comme ils le sont pour des indigents qui ne sont pas aliénés. Les biens appartenant à un indigent fou peuvent servir à couvrir les dépenses de son entretien ou une partie de celles-ci.

Les comités de visite doivent fixer une somme n'excédant pas 14 shillings, représentant par semaine le coût de l'entretien de chaque indigent fou, dans un asile, ou bien le juge de paix, sur l'ordonnance duquel le fou a été envoyé à l'asile, ou l'un des deux juges de paix du comté ou du bourg dans lequel l'asile est situé, peuvent adresser un ordre aux « Tuteurs des pauvres » de l'Union à la charge de laquelle doivent être les dépenses d'entretien.

Question 3.

Comme il a été indiqué ci-dessus, l'assistance aux indigents, fous, idiots et imbéciles est donnée sous forme :

1° D'internement dans un établissement pour fous et idiots;

2° D'internement dans un « *work house* »;

3° De secours à domicile, quand les malades habitent chez des parents, des amis ou des personnes honnêtes.

Quelle que soit la forme de cette assistance, le fou, l'idiot ou l'imbécile et ses parents sont tenus de contribuer aux frais d'après leurs moyens. Tous les aliénés, dont les frais d'entretien sont couverts entièrement ou partiellement par le produit des taxes sont classés comme indigents. En certains cas, les parents remboursent aux « Tuteurs des pauvres » ou lesdits « Tuteurs » récupèrent sur les biens des fous, le prix entier de l'entretien; en d'autres cas, une partie seulement des sommes est recouvrée ou remboursée. Un malade normalement n'est jamais considéré comme malade particulier, à moins que lui ou ses parents ne payent le tarif le plus élevé (supérieur aux simples frais d'entretien) fixé comme prix de pension des malades particuliers.

Question 4.

La réponse à cette question se trouve dans les paragraphes précédents.

b) *Enfants assistés (moralement ou matériellement abandonnés, orphelins, vagabonds, enfants de familles nombreuses, etc.)*

Les questions qui se posent au sujet des enfants sont résolues dans la « loi sur l'instruction » (*Education Law*) et la « loi sur les pauvres » (*Poor Law*). Des dispositions spéciales se trouvent dans ces textes et l'« *Idiots Act* » au sujet de la protection et de l'éducation des sourds-muets indigents, des enfants épileptiques, idiots et imbéciles indigents.

La « loi sur les enfants » (*Children Act*) contient des dispositions au sujet des enfants criminels et des enfants abandonnés ou vivant dans des milieux où ils sont en danger de devenir criminels. Ces enfants sont amenés devant un tribunal et peuvent être confiés aux soins d'un parent ou de toute personne honorable, ou envoyés dans une école de réforme ou industrielle, ou bien détenus.

L'article 21 de la « loi sur les enfants » indique les cas où un enfant peut être confié aux soins d'un parent ou d'une personne honorable.

Les articles 57 et 58 indiquent les cas où un enfant peut être envoyé par un tribunal dans une école de réforme ou industrielle.

Aux termes du premier de ces articles, l'enfant est en général confié aux soins d'une des sociétés de protection de l'enfance, comme « la Société nationale pour protéger les enfants contre les mauvais traitements » (*National society for the prevention of cruelty to children*) ou les « Maisons du Dr Barnado » (*Dr Barnado's homes*) et la société est alors responsable de l'entretien de l'enfant.

Le tribunal cependant a droit d'ordonner aux parents ou à toute autre personne responsable de l'entretien de l'enfant, de contribuer aux dépenses de cet entretien durant la période pendant laquelle il est confié à des tiers.

En ce qui concerne les écoles de réforme ou industrielles, un enfant de 12 à 16 ans prévenu d'un délit entraînant pour un adulte une peine de prison ou de travaux forcés, peut être envoyé dans une école de réforme. Les enfants prévenus des mêmes délits âgés de moins de 12 ans, et les enfants âgés de moins de 14 ans trouvés mendiants ou vagabonds ou matériellement ou moralement abandonnés, ou vivant dans un milieu dangereux peuvent être envoyés dans une école industrielle.

Les autorités locales ont le droit de fonder des écoles de réforme ou industrielles. En certains lieux des écoles industrielles ont été établies, mais la plus grande partie d'entre elles et toutes les écoles de réforme sont tenues par des particuliers. Les dépenses pour l'entretien des enfants envoyés dans les écoles de réforme et industrielles sont réparties entre les autorités locales du district dans lequel réside l'enfant, et l'État. Les parents et autres personnes responsables de l'entretien de l'enfant peuvent être obligés à contribuer à cette dépense. Les autorités locales ne sont pas forcées de prendre les mesures pour l'internement et l'entretien des enfants dans les écoles, et l'État paye une partie de la dépense, environ deux tiers pour les écoles de réforme et la moitié pour les écoles industrielles. La part de l'État n'est payée que si l'école produit un certificat d'honorabilité émanant du Secrétaire d'État du « *Home Department* » et si elle est soumise à l'inspection d'agents nommés par le Secrétaire d'État et que l'inspection ait été satisfaisante.

En ce qui concerne les enfants vagabonds, aucune obligation à leur sujet n'est imposée actuellement aux autorités locales pour assurer leur entretien s'ils sont envoyés dans une école de réforme ou industrielle, et cette lacune empêche jusqu'à un certain point qu'on les y enferme.

L'exposé ci-dessus répond aux points spéciaux visés dans le premier chapitre de la première partie du questionnaire autant qu'il s'agit de matières de la compétence du « *Home Department* ».

II

MÉMOIRE DU HOME OFFICE

AU SUJET DE L'ASSISTANCE AUX ÉTRANGERS.

Question 7.

D'une façon générale on ne fait pas de distinction en ce qui concerne l'assistance entre les étrangers, en résidence ou de passage, et les nationaux. Mais le fait de recevoir des secours d'assistance sur les fonds publics peut avoir diverses conséquences pour les étrangers par application de la « loi concernant les étrangers » (*Aliens Act*) de 1905. — voir la question suivante.

Question 8.

Aucune distinction n'est faite d'après la nationalité ou les catégories d'indigents. Mais par application de « la loi sur les étrangers » de 1905, chapitre 3 (1), (*b*), (*i*) un étranger qui dans les douze mois depuis son arrivée sur le territoire du Royaume-Uni, reçoit un secours d'indigence, ou est en état de vagabondage, sans justifier de moyens d'existence, peut être contraint, par une ordonnance d'expulsion prise par le Secrétaire d'État du « *Home Department* » a quitter le Royaume-Uni avec interdiction d'y revenir. Le secours d'indigence dont il est question peut être aussi bien celui donné à un aliéné qu'à une personne saine d'esprit.

Question 9.

On ne fait aucune des distinctions indiquées dans la question.

Questions 10 et 11.

L'absence de toute distinction en matière d'assistance aux indigents, entre étrangers et nationaux, est implicite plutôt qu'expresse. On peut dire qu'elle est basée sur des motifs d'humanité et ne résulte pas des dispositions spéciales de la loi, des traités ou de la réciprocité.

Question 12.

Les étrangers possèdent les droits mentionnés dans la question.

Question 13.

Les sociétés de bienfaisance étrangères ne sont assujetties à aucune condition ou formalités spéciales.

Question 14.

Les sociétés étrangères ont les mêmes droits que les autres.

Question 15.

Aucune obligation, ou limitation d'action n'est imposée aux sociétés étrangères.

Questions 16 et 17.

Voir le chapitre XXIII des Instructions générales consulaires.

Questions 18 et 19.

La réponse est négative pour les deux questions.

Dans de nombreuses localités à l'étranger, des sociétés ont été fondées par souscriptions privées en vue de porter assistance aux sujets anglais indigents. Des subventions sont accordées en certains cas à ces sociétés quand elles assument des frais de rapatriement qui, autrement, seraient à la charge du Gouvernement de Sa Majesté.

MÉMOIRE

DU « LOCAL GOVERNMENT BOARD ».

A part les organisations de charité privée, l'assistance publique dans ce pays est pour la plus grande partie accordée selon le système de « la loi sur les pauvres » (*Poor Law*).

Les lois anglaises concernant cette matière n'ont pas été codifiées. Elles sont nombreuses et remontent aux deux derniers siècles. Il serait impossible dans ce mémoire de reproduire les textes de ces lois, mais un résumé utile des diverses dispositions légales se trouve dans les parties III à V du premier volume du « *Majority Report of the Royal Commission on the Poor laws* ».

On doit ne pas perdre de vue que la loi sur les pauvres en Angleterre ne fait pas de distinction entre les nationaux et les étrangers.

QUESTIONNAIRE

PARTIE I.

I

ASSISTANCE AUX NATIONAUX.

Question 1.

L'assistance publique aux nationaux est donnée ;

a) Par les conseils élus des tuteurs des pauvres (*elected board of guardians*) organisés par districts (*unions*), et fonctionnant conformément à des règlements élaborés par le « *Local Government Board* », leurs prédécesseurs, le conseil de la loi sur les pauvres et les commissaires de la loi sur les pauvres.

b) Par les autorités sanitaires qui ont pouvoir de prendre des mesures vis-à-vis des personnes atteintes de maladies contagieuses.

c) Par les autorités locales chargées de l'instruction publique qui ont pouvoir de distribuer des aliments et, en certains cas, des secours médicaux aux enfants fréquentant les écoles.

d) Par l'État, lequel par l'intermédiaire des comités locaux des pensions (*local pension committees*) accorde une retraite aux personnes âgées de 70 ans et plus dont les revenus sont inférieurs à un certain taux et qui ne sont pas étrangères.

e) Par les comités de secours (*Distress committees*), par application de la loi sur les chômeurs (*Unemployed workmen Act*) de 1905; ces comités ont le droit de procurer du travail aux chômeurs. Cette loi n'a d'effet que pour un temps déterminé mais ces dernières années, elle a été renouvelée tous les ans.

f) Des sommes considérables sont distribuées en secours de charité à toutes les catégories d'indigents par des sociétés et des associations privées.

Question 2.

I. — *a*) En règle générale l'indigent doit être secouru par le conseil des tuteurs des pauvres de l'union où il se trouve au moment du besoin de secours. Si cependant il est domicilié dans une autre union, il peut être renvoyé dans cette dernière par les tuteurs. En pratique les tuteurs de l'union du domicile, pour éviter ce renvoi, acceptent fréquemment la charge de l'indigent et remboursent aux tuteurs de l'union qui secourt les dépenses faites.

b) Une retraite de vieillesse peut être payée en tous lieux du Royaume-Uni.

c) Les questions de domicile ne jouent aucun rôle dans les cas (*c*) et (*d*) indiqués dans la réponse à la question 1, ci-dessus.

II. — *a*) L'enquête pour constater l'indigence est généralement faite par les conseils de tuteurs au moyen des employés chargés de distribuer les secours.

b) Lorsqu'il s'agit des autorités chargées de la santé publique lesquelles s'occupent des personnes atteintes de maladies contagieuses, l'assistance donnée peut être considérée comme une conséquence de l'isolement de l'individu dans l'intérêt public.

c) Dans certains districts des comités spéciaux de surveillance (*care committees*) institués près des écoles, font des enquêtes sur la situation des enfants semblant avoir besoin d'assistance.

d) Les demandes de retraite pour vieillesse sont faites dans une forme déterminée et les déclarations qu'elles contiennent sont vérifiées par un fonctionnaire nommé par le Gouvernement et représentant le Ministre des Finances. La demande est alors examinée par le comité local des pensions; le requérant et le fonctionnaire ont le droit d'appel devant le *Local Government Board*.

III. — Aucun versement préalable n'est exigé dans aucun des cas mentionnés; mais le Conseil des Tuteurs a parfois le droit de recouvrer les frais d'assistance sur les parents des personnes assistées.

Question 3.

Les secours octroyés par les Conseils des Tuteurs peuvent être donnés dans des établissements ou à domicile et dans ce dernier cas ils peuvent consister en aliments, en argent, ou être donnés sous ces deux façons, ou encore avoir pour objet des soins ou l'assistance médicale.

Une décision ordonnant l'hospitalisation dans un établissement public, pour une première fois, ne peut être valable que pour vingt-sept semaines; une décision, accordant pour un cas analogue un secours à domicile ne peut être valable que pour quatorze semaines. Ces décisions dans les deux cas sont renouvelables.

Voir ci-dessus en ce qui concerne la nature des secours donnés par les autres autorités d'assistance.

Question 4.

Les Conseils de Tuteurs sont obligés par la loi de secourir tous les cas où, en fait, l'indigence est constatée mais ils sont eux-mêmes juges du point de savoir si celle-ci existe ou non; et sous réserve des règlements du *Local Government Board,* ils sont juges de la forme sous laquelle le secours doit être donné.

Sauf le droit légal de l'indigent aux secours, il n'y a pas d'appel de la décision des Tuteurs devant une autre autorité; il est interdit au *Local Government Board* d'intervenir à l'effet d'ordonner l'octroi de secours dans aucun cas particulier.

En cas de rejet d'une demande de retraite de vieillesse, un recours est ouvert devant le *Local Government Board.*

Questions 5 et 6.

Pour tout ce qui concerne les assurances obligatoires contre la maladie et le chômage voir la loi sur les assurances nationales (*National Insurances Act*) de 1911.

En ce qui concerne les assurances volontaires, à part l'œuvre des compagnies d'assurances proprement dites, beaucoup a été fait par les sociétés amicales enregistrées, qui fonctionnent chacune sous leurs propres statuts; et dans une mesure plus restreinte, par les sociétés locales et autres de prévoyance, les mutualités, etc.

La situation de ces sociétés est régie par la loi sur les assurances nationales.

Traduction effectuée par le Ministère des Affaires étrangères.

INSTRUCTIONS CONSULAIRES.

CHAPITRE XXIII.

RAPATRIEMENT DES SUJETS BRITANNIQUES DÉLAISSÉS.

1. La plus grande circonspection s'impose pour l'assistance aux frais du Trésor des sujets britanniques indigents. Ces secours ne doivent être accordés que dans des cas de nécessité prouvée. Ils doivent être refusés aux mendiants de profession; leurs histoires doivent être soigneusement examinées et contrôlées.

Les requérants doivent être invités à fournir une preuve suffisante qu'ils sont sujets britanniques.

2. L'objet principal du secours octroyé doit être de permettre aux indigents de revenir dans le Royaume-Uni. Ce rapatriement ne doit pas être accordé en règle générale si les intéressés désirent simplement se rendre d'une localité étrangère dans une autre localité étrangère.

Quand ils sont envoyés dans leur patrie, leur voyage doit être payé au plus bas prix, jusqu'à un port d'Angleterre. Comme ils tombent à la charge d'une paroisse aussitôt débarqués en Angleterre, on ne doit pas payer les frais au delà du port d'arrivée. Un billet direct pour Londres coûte parfois moins cher qu'un billet pour le port d'arrivée; on doit profiter de cet avantage lorsqu'il s'agit de personnes nées à Londres.

On ne doit pas leur remettre d'argent, sauf en très petites quantités suffisantes pour leur permettre de se nourrir en cours de voyage.

Aucuns frais de transport de bagages ne sont alloués sauf dans des circonstances toutes particulières.

Dans des cas exceptionnels lorsqu'il n'y a pas de relations directes avec le Royaume-Uni, ou lorsqu'il est plus économique d'employer une ligne détournée, un Consul peut diriger un sujet britannique indigent sur un poste consulaire intermédiaire; mais il doit alors aviser son collègue de l'arrivée de l'indigent en expliquant les raisons pour lesquelles il a agi ainsi. Aucun argent ne doit être remis aux indigents pour les dépenses à effectuer au poste intermédiaire.

3. Si un Consul juge nécessaire de faire donner des aliments ou des secours médicaux ou des vêtements, il ne doit payer que contre reçu. Il ne doit pas charger les intéressés de faire ces payements si ce n'est lorsqu'il est impossible de faire autrement et cela seulement par petites sommes.

4. Les Consuls doivent bien comprendre que le remboursement des frais engagés par eux pour secourir les sujets britanniques indigents n'a lieu que sur justification :

1° Que le secours a été accordé comme dernier moyen pour empêcher l'indigent de rester dans un dénuement absolu en pays étranger;

2° Que toutes les démarches nécessaires ont été faites auprès des organisations charitables locales et autres institutions, ou bien, si les sujets britanniques étaient domestiques ou employés, auprès de leurs employeurs, afin d'éviter les dépenses supportées par le Trésor public;

3° Que, s'il y a des motifs de supposer que les personnes assistées ont des parents ou des amis en situation de payer les dépenses, le Consul a fait tous ses efforts, sans succès, pour être remboursé des frais par ces parents ou amis.

5. Bien qu'un Consul puisse, en vertu de l'autorisation générale qui lui est donnée d'accorder des secours dans des cas méritants, faire figurer ces dépenses dans ses états trimestriels de comptabilité sous un chapitre spécial, l'approbation de ces comptes ne sera donnée que lorsqu'il aura envoyé soit séparément au moment où le secours a été accordé, soit globalement à la fin du trimestre des rapports justificatifs détaillés.

Ces rapports doivent expliquer les circonstances dans lesquelles les personnes assistées ont quitté le Royaume-Uni, exposer les raisons pour lesquelles elles demandent assistance comme indigents, indiquer avec détails les mesures prises dans chaque cas, et fournir la preuve suffisante que le Consul a agi pour le mieux possible, conformément aux instructions.

6. En règle générale, les Consuls ne doivent engagager aucune dépense pour les sujets britanniques coloniaux, sans l'autorisation du Gouverneur de la colonie dont l'indigent est ressortissant et le Consul doit avant de donner le secours adresser une demande à l'autorité coloniale.

Il existe des exceptions à cette règle au sujet de certaines colonies, lorsque le Gouvernement local a accepté d'assumer le remboursement des frais faits pour les indigènes dans la misère. L'Inde est comprise dans cette catégorie. Les conditions dans lesquelles les indigènes de ces colonies, des Iles de la Manche et de l'Inde peuvent être rapatriés aux frais du Trésor public sont indiquées ci-dessous sous des chapitres séparés. Les Consuls doivent soigneusement vérifier si ces conditions sont remplies avant d'accorder le secours.

Le remboursement des dépenses faites pour des sujets coloniaux doit être réclamé aux gouvernements coloniaux.

AUSTRALIE.

Le Gouvernement de la Confédération accepte le remboursement à condition :

1° Que le secours soit accordé à la demande d'Australiens nés en Australie;

2° Que le remboursement soit limité (*a*) aux frais d'entretien pendant le temps nécessaire pour que l'indigent puisse trouver le moyen de gagner un port d'Australie, (*b*) que le coût du voyage soit au plus bas prix possible;

3° Que le secours ne soit accordé qu'à des personnes méritant d'être assistées.

CANADA ET CEYLAN.

En ce qui concerne le Canada et Ceylan, les Consuls peuvent donner assistance aux indigènes de ces colonies dans les mêmes conditions qu'aux ressortissants au Royaume-Uni. Cependant, pour le Canada, l'autorisation d'assister des Canadiens n'est pas accordée aux Consuls résidant dans les États-Unis d'Amérique.

Le Haut Commissaire du Canada à Londres est autorisé à régler toutes les réclamations pour les dettes qu'il estime incomber au Gouvernement canadien.

ÎLES DE LA MANCHE.

Les autorités de Jersey et de Guernesey sont disposées à rembourser les frais de rapatriement de France des habitants de ces îles tombés dans l'indigence. Mais comme il est très délicat d'établir la qualité d'habitant « *bona fide* » de ces îles, l'approbation définitive de la dépense sera donnée dans chaque cas seulement après que les autorités auront vérifié ce point.

Lorsque des indigènes de Jersey et Guernesey demanderont des secours, les Consuls se mettront en rapport avec le Lieutenant Gouverneur de l'une ou l'autre île; ils lui fourniront tous les renseignements possibles aux sujets des requérants; avant d'engager aucune dépense ils attendront la décision des autorités coloniales auxquelles ils pourront d'ailleurs envoyer leurs comptes directement.

INDE.

Les Hindous sujets britanniques peuvent être secourus aux conditions suivantes:

Le Consul dans tous les cas, avant d'engager aucune dépense pour un rapatriement sur l'Inde, doit d'abord se mettre en rapport avec le Gouvernement de l'Inde, soit directement, soit par l'intermédiaire du Ministère des Affaires Étrangères avec le Secrétaire d'État pour l'Inde, selon qu'il sera le plus commode, afin d'obtenir l'autorisation nécessaire.

Quand l'autorisation a été obtenue on doit exiger un engagement du requérant de retourner immédiatement aux Indes.

S'il y a des relations maritimes directes entre un port de la circonscription consulaire et l'Inde, l'indigent sera embarqué au prix de passage le plus bas. S'il n'y a pas de relation directe, le requérant sera dirigé sur le consulat le plus proche sur la route des Indes d'où il pourra être rapatrié dans le plus bref délai.

Les dépenses raisonnables engagées dans les deux cas seront supportées par le budget de l'Inde. Les secours accordés aux Hindous pour aller d'un port à un autre autrement qu'il n'est indiqué ci-dessus, sont interdits.

Quand un Consul estime nécessaire de télégraphier pour obtenir des instructions, le télégramme doit être adressé au Secrétaire d'État pour l'Inde, par l'intermédiaire du Ministère des Affaires étrangères, ou au Gouvernement de l'Inde selon ce qui sera le plus économique.

On doit fournir au Secrétaire d'État ou au Gouvernement de l'Inde, dans tous les cas, une preuve suffisante de la nationalité de la personne assistée, ainsi qu'un rapport indiquant en détail toutes les mesures prises par le Consul et justifiant pleinement que ce dernier a pris toutes les précautions mentionnées dans ce chapitre au sujet des secours aux sujets britanniques indigents.

On doit bien comprendre que les Consuls ne sont pas autorisés à accorder des secours temporaires sur place sans approbation préalable, excepté dans les cas, laissés à leur discrétion où ces secours apparaissent comme absolument nécessaires et que leur refus aurait pour conséquence la mort de l'indigent.

Le terme « sujets hindous britanniques » ne comprend pas les indigènes de Ceylan, des établissements des Détroits, de Maurice ou de tout autre pays qui n'est pas sous l'administration du Gouvernement de l'Inde. On doit en conséquence s'attacher à déterminer avec précision la nationalité des requérants.

MALTE.

Les Consuls sont autorisés par le Gouvernement colonial à secourir, au taux de 10 pence par jour et à rapatrier au taux le plus bas, tous les sujets britanniques, nés à Malte réellement indigents.

Quand il n'y a pas de service direct avec Malte, l'indigent doit être envoyé en 3e classe jusqu'au port d'embarquement le plus proche en demandant au Consul résidant dans ce port de procurer à l'assisté, dès son arrivée un passage direct, au plus bas prix, jusqu'à Malte mais pas pour une autre destination.

Avant d'user de cette autorisation, les Consuls doivent soigneusement vérifier que le requérant est bien un sujet britannique né à Malte, au moyen de la production d'un passeport maltais ou toute autre preuve suffisante de naissance et de filiation.

Dans les cas douteux il est défendu aux Consuls d'engager aucune dépense sans en avoir referé auparavant au Gouvernement de Malte et avoir été autorisé par celui-ci. Ils transmettent au Gouvernement colonial le nom de la localité indiquée comme lieu de naissance du requérant à Malte, les noms de ses parents dans l'île, et les autres détails pouvant permettre d'établir son identité et le bien fondé de sa réclamation.

Le Gouvernement de Malte est aussi disposé à examiner les cas spéciaux de sujets britanniques indigents dont les parents sont nés à Malte mais qui n'y sont pas nés eux-mêmes. Dans ces cas, la justification du lieu de naissance des parents et tous les renseignements qui peuvent amener le Gouvernement de l'île à faire une exception à la règle générale doivent être soumis à l'examen des autorités avant de pouvoir engager aucune dépense.

Il ne faut pas perdre de vue que les personnes, qui, bien que nées à Malte, sont les enfants de soldats anglais ou d'autres personnes non domiciliées d'une façon permanente dans l'île, ne sont pas secourues aux frais de la colonie à moins qu'elles n'aient acquis elles-mêmes un domicile permanent dans l'île.

Des traites périodiques peuvent être tirées sur le Gouvernement de Malte pour assurer le remboursement des dépenses engagées pour le rapatriement des Maltais indigents.

ÎLE MAURICE.

A l'île Maurice, le gouvernement local rembourse aux Consuls les dépenses de rapatriement des indigènes dans la misère ou des personnes naturalisées sujets britanniques dans la colonie; mais il désire, autant que possible, que les consuls s'entendent avec lui avant d'user de leurs pouvoirs.

INDE OCCIDENTALE.

Les Consuls ne doivent pas perdre de vue que les colonies britanniques des Indes occidentales refusent de prendre à leur charge les frais de rapatriement des sujets britanniques des Indes occidentales, si l'autorisation du Gouverneur de la colonie n'a pas été obtenue préalablement dans chaque cas particulier, et que si cette autorisation n'est pas obtenue ils doivent refuser le secours.

Les Consuls cependant sont autorisés à distribuer des secours pour les besoins de l'existence pendant le temps nécessaire pour recevoir la réponse du Gouverneur de la colonie.

Dans les cas urgents où le refus de secours entraînerait la mort du requérant, l'indigent peut être renvoyé dans la colonie sans autorisation préalable; dans ces cas exceptionnels les colonies britanniques des Indes occidentales sont disposées à prendre les frais à leur charge.

En rapatriant les sujets britanniques des Indes occidentales, les Consuls doivent se rappeler que la Jamaïque n'est nullement le centre administratif des autres îles et n'est nullement obligée de recevoir et d'entretenir les indigents.

Les Consuls autant que possible doivent rapatrier ces sujets coloniaux directement sur la colonie dont ils sont ressortissants.

Quand cela est impossible ou qu'il est nécessaire de les envoyer à la Jamaïque, dans une autre colonie ou en Angleterre, on doit prendre en même temps les mesures utiles pour qu'ils soient envoyés dans leur colonie dans le plus bref délai possible.

7. Les secours aux marins, autres que les capitaines, sont supportés par le « *Board of Trade* ».

8. Quand un Consul a lieu de supposer que le requérant ne se trouve que dans un état d'indigence temporaire, il doit exiger de lui un reçu conforme au modèle annexé à ce chapitre, en vue de permettre un recouvrement ultérieur de la somme.

ANNEXE AU CHAPITRE XXIII

Modèle de reçu.

Je reconnais avoir reçu du Consul d'Angleterre à agissant au nom du Gouvernement de S. M. Britannique, la somme de comme prêt en vue de

et je m'engage et promets de rembourser cette somme (à première réquisition ou telle date)

Le texte suivant remplace le chapitre intitulé Transvaal, page 219 des instructions générales consulaires, et la circulaire du 11 septembre 1909, concernant les secours et rapatriements accordés par les Consuls de S. M. Britannique aux sujets indigents de l'Union Sud-Africaine.

UNION SUD-AFRICAINE.

Les Consuls recevant une demande de rapatriement ou de secours d'un sujet de l'Union Sud-Africaine doivent sans délai et télégraphiquement en saisir le Gouverneur de la colonie.

Il peuvent, à leur discrétion, donner un secours temporaire, mais seulement pendant la période s'écoulant entre l'envoi du télégramme et la réponse du Gouvernement de l'Union.

L'octroi de secours par les Consuls dans ces cas ne doit jamais comprendre le rapatriement qui ne peut être autorisé que par le Gouvernement de l'Union.

Les instructions précédentes s'appliquent aux cas dans lesquels les Consuls estiment nécessaire ou désirable l'assistance temporaire à la charge du Gouvernement de l'Union.